現代解釈の
イタリア料理

食材の特性を活かす、イタリア料理の新展開

『Piatto Suzuki』オーナーシェフ
鈴木弥平 著

旭屋出版

イタリア料理のエッセンスと、素材の持ち味を活かした、魅力の高いイタリア料理

イタリア料理が理解できなかった修業当初

　私が料理の世界に触れたのは、地元で働いていたビストロが最初です。そしてイタリア料理に進んだのは1986年の「ラ・パタータ」から。以来、故・平田勝シェフに師事し、店を移っても平田シェフの下で修業させていただき、2002年に独立を果たしました。イタリア料理の世界でお世話になって、もう30年以上になります。

　イタリア料理に取り組み始めたころは、私はイタリア料理というものが理解できませんでした。納得できなかったのは、味の構成です。

　例えば、「プッタネスカ」というパスタ。トマト系のパスタで、アンチョビ、オリーブの実、ケッパーなどが入ります。当然のことながら、それぞれを食べると味が違う。つまりは、まとまりがないということ。それが自分の中では納得できませんでした。

　今では「そういうパスタだ」と当然視する方も多いでしょう。しかし、当時はまだフランス料理が全盛です。ソースで食べるフランス料理と同じように、ミキサーで回して一つにすれば、味がまとまるはずです。しかし、なぜそれをしないのかが分かりませんでした。

「イタリア料理は、点と点と点のつながり」

　ところが、1992年に転機が訪れます。私はICIFの第一期生として、イタリアで1年間、料理を学ぶ機会を得ました。基礎的な勉強に加え、トリノやシラクーサなどでの実習など貴重な体験をしました。また休みの時には、辞書を片手に多くの料理書を読んで過ごしました。するとある時、平田シェフに教わったことが身に沁みついていることに気がつきました。また、あるシェフには「イタリア料理は点と点と点のつながりで、そこが他の料理と違うところだ」と教えられ、以前、自分の中で納得できなかった「プッタネスカ」のことも理解できるようになったのです。腑に落ちたというのでしょうか、自分のしてきたことが間違いではなかったと、再確認できたことが大きかったと思います。そして帰国後もすんなりと元の道に入って行くことができました。

　その頃、平田シェフはイタリア料理をベースに、お客さまをどう満足させるか、日本の素材をどう扱うか。といった、当時としては2歩も3歩も先を行く考え方をしていましたが、それにも不安感なく、素直に受け入れ理解することができました。

「だし」「油」「素材」を重視するイタリア料理

　独立後は、平田シェフから学んだことをさらに私なりに進めるため、「だし」「油」「素材」を重視して、一皿一皿のクオリティを高めたいと思い取り組んできました。

　「だし」といえば、日本料理を思い浮かべますが、イタリアでもトマトやポルチーニなどの乾燥品、生のものでもブロードなどがあります。日本料理のカツオだしや昆布だしのように主張するだしでは

なく、うま味やコクを強化するだしです。それには昆布だしのように日本の素材もうまく活用すればイタリア料理の魅力をさらに引き立てるものもあるので、それも上手に使っていきたいと思っています。

　イタリア料理で「油」といえば、オリーブオイルの印象が強いのですが、それにはこだわらず、さらっとした味わいを出したい時は、高価でも太白ごま油や、米油などを使います。もちろん、風味を活かしたいときは、E.X.V. オリーブオイルを使い、料理の味わいを活かすために「油」の使い分けをしています。

　「素材」に関しては、地方での出会いを大事にしています。地方には、流通網の関係でなかなか出回らない素材が今でもたくさん埋もれているからです。

　本書では、そのような素材を活かした料理をシーズンごとに提案しました。伝統的なイタリア料理のエッセンスをベースに、日本素材の持ち味を活かし、お客様に満足していただけるような料理を提供する考え方です。日本にすっかり定着した観のあるイタリア料理ですが、レストランとして表現できることは、まだまだたくさんあります。

　この一冊をこれからの料理の参考にしていただけると幸いです。

ピアットスズキ オーナーシェフ　鈴木弥平

INDICE 目次

002…イタリア料理のエッセンスと、素材の持ち味を活かした、
　　魅力の高いイタリア料理

008…本書を読む前に

009…基本のだし・ソース　Brodo Salsa

010…「素材の味わいを補強する」という目的に合う品質に

011…ブロード・ディ・ポッロ／ブロード・ディ・ペッシェ
012…スーゴ・ディ・カルネ
013…昆布水／煮切り酒
014…トマトソース

015…魚介料理　Frutti di Male

016…日本の素晴しい魚介類を活かせる、技法、組み合わせを駆使する

018…春子のマリネ
020…細魚の昆布〆
022…桜鱒のマリネ
024…スカンピのサラダ
026…北寄貝とプンタレッラのサラダ
028…新イカのソテーとブロッコリーのスープ
030…帆立のごま焼き　ポワロージュンヌソース
032…真蛸のカルパッチョ
034…赤座海老のオレンジマリネ
036…鮑のフリット　ケッカソース
038…イサキのソテー　ガスパチョのソース
040…穴子のスカペッシェ
042…煮穴子とトロなす
044…魚介のサルシッチャ
046…鰯のマリネ

048…秋刀魚のインサオール
050…鱧と早松のフォンドゥータ
052…牡蠣と冬野菜のテリーヌ
054…真ツブ貝とオリーブのサラダ
056…牡丹海老のタルタル
058…バッカラマンテカートと生鱈のコンフィ
060…白子の黒トリュフソース
062…オマール海老のバリエ
064…鰆の炙り
066…甘鯛のウロコ焼き　桜海老のソース
068…甘鯛のウロコ焼き　蕪のソース
070…鮟鱇のロースト
072…カサゴのグアゼット

075…肉料理　Carne

076…変化する肉質に合わせた火の入れ方を重視し、現代的な味わいに

078…きゃべつで包んだ豚のロースト
080…ウサギのリピエノ
082…乳飲み仔羊のロースト　モリーユ茸のソース
084…仔牛のカツレツ
086…仔牛のレバー　ヴェネツィア風
088…リードヴォーと赤座海老のインパデッラ
090…モルタデッラのエスプーマ　ニョッコ添え
092…豚フィレのサルティンボッカ
094…鶏のテリーヌ　レバームース添え
096…鶏と茸のカチャトラ
098…鶏のガランティーヌ
100…オッソブーコ
102…牛ネックのボリート仕立て
104…山吹鶉のロースト
106…山鳩のロースト　ペヴェラーダソース
108…鹿フィレ肉のロースト

110…猪すね肉の赤ワイン煮込み

113…野菜料理　Verdure

114…海外の野菜、国産野菜、季節の地の野菜を使い分ける

116…白アスパラと山菜のサラダ
118…白アスパラのグリル　スペック添え
120…モッツァレラとトマトのスープ
122…ミネストローネビアンコ
124…柚子のジュレをまとった夏野菜のグリル
126…野菜の豆乳クリームチーズ和え　タルタル仕立て
128…グリル野菜のチーズ焼き　ミルフィーユ仕立て
130…ポルチーニのロースト
132…野菜のグリル　生ハム添え
134…酒粕入りバーニャカウダ

137…パスタ・リゾット　Pasta Risotto

138…評判を左右する重要な料理。郷土料理や季節感をベースに

140…ガルガネッリ　フレッシュトマトソース
142…オレキエッテ　菜の花と子持ちヤリイカのソース
144…スパゲッティ　小ハマグリと青唐辛子のボンゴレ
146…タリアテッレ　空豆とサワークリームのソース
148…カルチョッフィのラザニエッティ
150…ホタルイカとふきのとうのリゾット
152…青唐辛子とあさつきのペペロンチーノ
154…リングイネフィーニ　稚鮎のコンフィ
156…コンキリエ　ヴィニャローラ
158…オレッキエッテ　絹かわなすのプリエーゼ
160…冷製トマトのカッペリーニ
162…白イカの冷製カッペリーニ

164…カサレッチェ　メカジキのシラクーサ風
166…リングイネ　ジェノベーゼ リコッタとケッカのせ
168…スパゲッティ　賀茂なす入りプッタネスカ
170…ほうれん草を練り込んだストラッチ　ポルチーニとボロネーゼ・ビアンコ
172…ウニのラヴィオリ
174…黒トリュフのラザニェッテ
176…スカンピのリゾーニ　レモン風味
178…スパゲッティ　スルメイカのソース
180…スパゲッティ　甘トロ豚のラグー
182…イカ墨のタリオリーニ
184…蟹のカネロニ
186…全粒粉のオープンラヴィオリ
188…パッパルデッレ　牛テールとごぼうのソース
190…赤米のリゾットタルティーボ

193…ドルチェ　Dolce

194…食事の最後を締めくくる一品。季節感・盛りつけで、感動を演出する

196…リコッタチーズのミルフィーユ
198…トウモロコシのジェラート
200…マンゴーのロールケーキ
202…パスティエーラクリームのミルフィーユ仕立て
204…桃のコンポート
206…洋梨のコンポスタ
208…小豆のパートフィロ包み

210…about us
212…奥付

撮　　影　　佐々木雅久
デ ザ イ ン　　内田　ゆう

※本書を読む前に

● 各レシピの分量は、基本的には1人分です。それ以外は「仕込み量」または人数分を表記しました。
● レシピ内の「E.X.V.オリーブオイル」は、「エクストラ・ヴァージン・オリーブオイル」を指します。
● バターは、無塩バターを使用しています。
● 掲載した各料理には、使った素材に合わせて季節を表記しましたが、地域によって季節がずれることがあります。
● 使用する火力、調理器具、食材の状態によって、調理時間は変わります。本書の調理時間を参考にして、調理時間は加減してください。
● パスタは、メーカーによって呼び名が変わることがあります。

Brodo Salsa

基本のだし・ソース

基本のだし・ソース：「素材の味わいを補強する」という目的に合う品質に

　イタリア料理で「だし」というと、日本料理のカツオだしや昆布だしといった、それが料理の決め手になるものではなく、素材の味わいを補強する、あるいは料理のコクを深めるものだと思っています。

　基本のだしとしては、各種ブロード、スーゴ・ディ・カルネがありますが、貝類のだしなど個性的なもの以外は、私はだし素材の風味は徹底的に取り除き、だし素材の持つうま味が抽出されたものとして使っています。このため、たとえばスーゴ・ディ・カルネも、魚のブロードと合わせて魚介料理に使うことがあります。

　また素材を補強するという意味では、魚介と昆布はうま味の相乗効果がありますので、たし素材として昆布も使います。昆布のだしは、イタリアやフランスのシェフにもその効果が認められ、使われ始めています。前述のように、この場合、昆布の個性を引き出しただしというよりは、魚介のうま味を引き出すためのだしですので、日本料理のように昆布そのものの味わいは感じさせないものです。また貝類のうま味を強化するために、貝類のだしと昆布だしを合わせることもあります。

　日本素材としては、昆布だけでなく日本酒も、味の強化で使います。日本酒の風味を素材に加えるという意味ではなく、あくまでも素材の味覚を高めるためのものですので、注意してください。たとえば醤油や味噌などを使うと、それはイタリア料理ではなくなってしまうのと同じで、日本酒もその個性を出すのではなく、素材の味わいを強化するのが目的です。

　ソースは、イタリア料理には欠かせないトマトソースを紹介しました。ただし現代的な料理では、伝統的なトマトソースは少なくなってきています。これはトマト缶の品質が上がっていること、そして料理そのものにフレッシュ感が求められるようになったことなどがあげられます。

ブロード・ディ・ポッロ

肉料理はもちろんのこと、さまざまな料理に用いる利用範囲の広いだしが、鶏で取るブロード。イタリア料理の基本中の基本のだしです。私はこのだしでは、鶏の匂いが強く出るのは好みません。このため、鶏ガラは白ワインを加えたお湯で2回ほど茹でこぼしたものを使います。野菜を炊くときも使うので、鶏の個性を出すのではなく、鶏が持っているうま味だけを煮だして使っています。

材料

鶏ガラ…4羽分
白ワイン…適量
玉ねぎ…1個
人参（皮をむいて三等分にカット）…1本
セロリ（ぶつ切り）…2本
ローリエ…2枚
クローブ…2個
白粒胡椒…適量

作り方

1 鶏ガラは、余分な肉、血、内臓を取り除き、白ワインと水（分量外）を入れた鍋で2回茹でこぼす。
2 再度、鍋に白ワインと水（分量外）とともに1の鶏ガラを入れて火にかけ、沸騰したらアクを取り、皮をむいて半分にカットした玉ねぎ、人参、セロリ、クローブ、白粒胡椒を加えて2時間煮る。
3 2を漉して鍋に移し、再度火にかけ、アクと余分な脂を取り除き、もう一度漉す。

ブロード・ディ・ペッシェ

鶏のブロードと同様に、魚のアラで取るブロード・ディ・ペッシェにも手間をかけています。このだしは、主に魚介料理に用います。素材のうま味を強化するだけでなく、魚のアラから出るゼラチン質を利用して、ソースをつなぎやすくします。このため魚臭さを出さないよう、臭み消しの日本酒と水で2回茹でこぼしたアラでだしを取ります。これにアサリや蛤のだし、後述の昆布だしを足して使うこともあります。

材料

白身魚のアラ…1尾分
日本酒…適量
タイム…2枝

作り方

1 白身魚のアラは、血を取り除いて鍋に入れ、日本酒、水（分量外）を注いで火にかけ、2回茹でこぼす。
2 再度、鍋に日本酒と水（分量外）、1の白身魚のアラを入れて火にかけ、沸騰したらアクを取り、弱火で30分煮る。
3 2を漉して鍋に移し、タイムを加え、火にかけてアクと余分な脂を取り除き、もう一度漉す。

スーゴ・ディ・カルネ

肉のエキスを凝縮した、スーゴ・ディ・カルネ。私の店ではエキス出しで3日かけるのですが、その後に徹底的に脂を取り除くために、仕上がりまでに5日間かかります。エキスの出たものを、さらにゆっくりと煮詰めることで、少しずつ脂が浮いてきますので、これを徹底的に取り除くと、すっきりとした味わいながら濃度も出てきます。なぜこのようなスーゴ・ディ・カルネにするかというと、魚料理に使うこともあるからです。色がついてもかまわない料理で、コクを出したいときに使うのです。肉の味を足すというよりも、コク出しで用いるため、牛の味わいの出ない、濃厚なうま味とコクのあるだしという位置づけで使っています。

材料

仔牛丸骨…7kg
豚足…4本
玉ねぎ…8個
人参（ぶつ切り）…6本分
セロリ（ぶつ切り）…1本分
トマトホール（水煮）…1缶（2500g）

作り方

1 仔牛丸骨、豚足は天板に置き、250℃のオーブンで少し焦げるくらいに焼く【写A】。
2 天板に出た脂を鍋に入れて火にかけ、皮つきのまま半分に切った玉ねぎと、人参、セロリを入れて炒める【写B】。
3 2の鍋に、1の骨とトマトホール、水（分量外）を入れ、時々水を足しながら、弱火で3日間煮る【写C、D】。
4 3を漉して鍋に移し、火にかけてアクと余分な脂を除き、さらに丁寧に漉したら、再び火にかけて脂を除き、濃度を調整する。

昆布水

日本料理から生まれた「UMAMI」は、世界中のシェフが関心を持っています。そのうま味を出す代表的な素材が昆布。昆布のうま味を抽出した昆布水は、今では多くのシェフたちが用いています。和の風味にするためのものではなく、魚介類のうま味を引き出すためのだしです。昆布は、沸騰させるとぬめりが出て風味が悪くなりますので、中火で沸騰寸前になったら火からおろします。

材料

日高昆布…10cm×20cm 大1枚
水…適量

作り方

1. 水を張った鍋に昆布を入れて、中火にかける【写A】。
2. 沸騰直前で昆布を引き上げ、冷ましてから調理に用いる【写B】。

昆布水にカットしたドライトマトを加えて鍋で煮たもの。117ページで紹介するように、こうしただしに山菜を浸して火を入れると、野菜の持ち味を活かしたイタリア料理にすることができる。

煮切り酒

アルコール分を飛ばした日本酒は、白ワインにはない甘みがありますので、魚介類の甘さを逃がさないために用いたり、魚介類の持ち味を引き出す際にも便利なので使ったりしています。店では国産米100％の日本酒を使っています。

材料

日本酒…適量

作り方

1. 日本酒を鍋に入れて火にかける。
2. アルコール分が飛んだら火からおろし、冷ましてから用いる【写A】。

トマトソース

イタリア産のトマト缶は、以前は酸味の強いものが多かったので、酸を飛ばすために長時間煮込んだり、じっくり炒めた玉ねぎや砂糖を加えることで酸を消したり、といった作業が必要でした。しかし今日、イタリア産の缶詰トマトは、以前とは比べ物にならないほど良質のものが増えました。その持ち味を活かすため、私の店では、トマトソースは1時間ほど煮込むだけで仕上げています。またイタリアでもそうですが、現代的な料理では、トマトソースにフレッシュのトマトを加え、よりフレッシュ感を出すことが増えています。こうしたベースのソースとなるよう、今日ではトマトソースはシンプルに仕上げています。

材料

トマトホール（水煮）…1缶（2500g）
にんにく（半割り）…1片分
玉ねぎ（みじん切り）…1個分
岩塩…5g
E.X.V.オリーブオイル…適量
バジリコ…1枝

作り方

1　トマトホールは、芯や種を取り除いておく。
2　鍋にオリーブオイルとにんにくを入れて火にかける。
3　香りが出たら玉ねぎを入れてソテーする【写A】。
4　玉ねぎに少し焼き色がついてきたら、1を入れ、沸騰してきたらアクを取り、岩塩を加えて弱火で煮詰める【写B、C】。
5　約1時間に詰めたら、濃度と味を調えてバジリコを加える。

Frutti di Male

魚介料理

魚介料理：日本の素晴らしい魚介類を活かせる、技法・組み合わせを駆使する

イタリア料理＝魚介料理だった時代

　イタリア料理といえば、ペスカトーレやボンゴレなどのパスタ、カルパッチョ、アクアパッツァなど、魚介類を使った料理を思い浮かべるかたが多かったのではないでしょうか。

　イタリアも日本も、言わずと知れた海洋国家。ともに海岸線が長くて漁獲量も豊富で、海沿いの各地には、魚介を使ったさまざまな名物料理・古典料理があります。

　イタリアも日本も、魚介類好きな民族です。だから日本でも、イタリアで受け継がれてきた魚介料理を売り物にするイタリア料理店が多く登場しました。

　イタリア料理が日本に紹介された当初は、異なる文化の魚介料理を楽しめることから、それでも良かったのでしょう。しかしその後、イタリアへ旅行する人たちが増え、今日では日本との比較が容易にできる状況になりました。そうした時代に、イタリアの技法や料理を、そのままの形で紹介する料理では、日本人のお客様に満足感を与えることは、次第に難しくなってきているのではないかと私は思っています。

魚種でイタリアの6倍も。鮮度維持にも優れる

　なぜかつてのようなスタイルでは、日本のお客様が満足しないと考えるのか。

　地中海という、いわば閉ざされた海にあるイタリアと違い、太平洋に浮かぶ日本は、近海に暖流の黒潮と対馬海流、寒流の親潮と、複数の異なる海流が流れている関係上、魚種は格段に豊富です。一説によると、日本近海の魚介は3000種類以上なのに対して、地中

海の魚介は500種類ほどといわれています。文字通り、桁違いです。

魚種が非常に豊富なこと。これは、イタリアにはない日本ならではの特長といっていいでしょう。

しかも、鮮度が高い。日本の魚介類の美味しさは、世界のグルメたちに知られているところです。

鮮度を保つために、獲れたての鮮度を活かすための漁獲方法と、漁獲後の丁寧な処理の仕方、素早い配送の方法、魚屋での保存の仕方。海から店に届くまでの一つ一つの段階で、きめ細かな処置がほどこされています。このため、東京や大阪などの大都市だけでなく、地方の都市でも、鮮度や魚介の持ち味を損なわない状態で仕入れることができる。これも、日本ならではではないかと思います。

日本の魚介を楽しむ文化は、イタリアを凌駕している

以上のような環境下、季節によって変わるさまざまな魚介を、生で、焼いて、煮てとさまざまな調理法で魚介を楽しんでいるのが日本のお客様です。生に加えて、生に近い味わいで旬の魚介の持ち味を活かす日本料理の調理技法は、私はイタリアに先んじていると思います。

そして楽しみ方。今では、地域を超えてあらゆるところから旬の魚介が手に入ります。さらに、走り・旬・名残りと、一つの魚種でも時季によって異なる味わいを、その季節に応じた調理法で楽しませます。

以上のように、日本のお客様は、こと魚料理の楽しみ方については、世界でも最先端を行っていると思います。

このため、イタリア料理が知られるに従って、イタリアの伝統に沿った料理をそのまま紹介するだけでは、次第に満足しなくなってくるのではないかと思うのです。

多種多様な魚介の持ち味を活かす調理法を駆使する

もちろん、伝統的なイタリアの料理にも、魚介の持ち味を活かす料理はたくさんあります。

そこで、各段の鮮度と豊富な魚種を使えるという日本ならではの利点を活かし、イタリア料理にも取り入れれば、イタリアで食べる魚介料理を超えた魅力を出せると思います。より多くのかたに納得いただける、素晴らしい料理が生まれるはずだと私は思っています。

たとえば、寿司には酢〆の技法、日本料理には昆布〆の技法、そして持ち味を活かす日の入れ方などがあります。私はこれらの技法に興味があり、日常的にも使っています。それは、魚介の持ち味を高めるために、伝統的に継承されてきた技法だからです。

これらをそのまま用いるだけなら、日本料理になってしまいます。しかし、魚介類のうま味・味わいを引き上げるための技法として用い、それでイタリア料理の一皿として調理したり、ソースや素材を組み合わせたりすることで、日本料理にはない味わいに仕上げることができます。その場合も、アレンジ料理にならないよう、イタリア料理としてのエッセンスを忘れないことが大事です。

老若男女を問わず喜ばれ、しかも季節ごとに非常にバラエティーに富んでいるのが魚介料理です。質の高い日本の魚介を活かしたイタリア料理が、これからは高い魅力となるはずです。

春子のマリネ
<small>春 カスゴ</small>

漢字で「春子」とも書くカスゴは、鯛類の稚魚のこと。その繊細な味わいから寿司に用いられることが多く、東日本では春、西日本では夏から秋に食べられています。稚魚のため身はやわらかく、味も淡泊。このため、昆布〆や酢〆にすることが一般的です。この日本料理の技法を活かしつつも、イタリア料理の一品に仕上げました。塩で〆た後、酢洗いする酢を、白ワインビネガーにすることで、米酢にはない洋風の香りを出します。仕上げにバーナーで皮目を炙ることで、香ばしさもプラス。青と紫のたでには、塩、胡椒、オリーブオイルをふって香りを添えました。

材料

春子…3尾
白ワインビネガー…適量
塩…適量
昆布…適量

赤・青たで…各適量
胡椒…適量
E.X.V.オリーブオイル…適量

作り方

1 春子は三枚におろし、塩をして30〜40分〆る【写A】。
2 浮いてきた水分と塩を白ワインビネガーで洗い流し、水けを拭き取る【写B】。
3 湿らせて固く絞った布巾で昆布を拭き、2の春子を身の面だけを下にしてのせ、一晩寝かせる【写C】。
4 翌日、昆布を外して半日ほどねかせたら、皮目を少し炙り、塩をする。
5 器に赤・青たでをちらし、その上に4を盛りつける。

A
鯛類の稚魚の春子は、手の平サイズの小魚。皮目を下にして塩をふり、〆る。

B
臭みとともに水分が出るので、酢でさっと洗う。日本料理では米酢を使うが、ここでは白ワインビネガーで酢洗いする。

C
布巾を湿らせ硬く絞って、昆布の表面を拭く。その上に酢洗いした春子を身を下にしてのせ、昆布〆にする。身が淡泊なので、昆布のうま味を入れて味を補う。

020

細魚の昆布〆

春 / サヨリ

細魚の漁期は、晩秋から春にかけて。ただし、春告魚として古くから知られ、春を意識させたいときに使う魚です。身は非常に淡泊ですので、昆布で〆ることで余分な水分を抜き、昆布のうま味を入れます。同時に、塩で甘みを感じる魚ですので、スライスした赤玉ねぎと一緒に合わせることで、さらに美味しさを高めました。ただ、それだけでは日本料理に近いものになってしまいますので、イタリアの技法として、赤玉ねぎは白ワインビネガーとオリーブオイルで合わせて添え、和パセリをピューレにしてソースとしました。

材料

細魚…1本
昆布…適量

赤玉ねぎ(スライス)…1/8個分
白ワインビネガー…3cc
E.X.V.オリーブオイル…5cc
フルーツトマト…1/6個
和パセリ…適量

塩…適量

蓮の葉…2枚

作り方

1. 細魚は3枚におろし、塩をして15分〜20分置いておく。中骨は素揚げしておく。
2. 1は塩を洗い流し、昆布にのせて6時間くらい寝かせる。
3. つけ合わせを作る。赤玉ねぎのスライスは白ワインビネガー、塩、オリーブオイルで味をする。フルーツトマトは2mmの角切りにし、和パセリはオリーブオイルとミキサーにかける。
4. 器に、2の魚の皮をひいて盛りつけ、3の赤玉ねぎを添え、和パセリのソースを流し、トマトをちらす。1の中骨を揚げたものと、蓮の葉を飾る。

春 桜鱒のマリネ
（サクラマス）

桜鱒は、鮭の仲間ですので、身の色や脂ののり具合などは鮭に似ていて、より繊細でしっとりとした味わいです。一般的にはスモークをかけることが多い素材なのに対して、鱒本来の味を出すために考えた一品です。ここでは、皮と身を別々に調理します。皮はオーブンで焼き、香ばしさを出します。身は塩をふって〆め、表面に水が浮いたら、水に酢を加えた中で塩を洗い流し、吸水シートで包んで身の水分をぬくことで、水分とともに川魚特有のクセもぬきます。黒オリーブのソースは、アンチョビを加えて味噌っぽい味わいにし、サワークリームで酸味を添えました。

材料

桜鱒…半身

サワークリーム…10g
エシャロット（みじん切り）…10g
E.X.V.オリーブオイル…適量
和パセリ…適量
オリーブソース（下記参照）…適量

グラニュー糖…適量
塩…適量
ピサンリ…適量（食用たんぽぽ）

●オリーブソース
黒オリーブ…6粒
にんにく…1片
E.X.V.オリーブオイル…適量
アンチョビ…1枚

作り方

1. 桜鱒は、塩をして約60分置いておく。
2. 1は塩を水で洗い流し、給水シートで一晩寝かせる。
3. 翌日、シートから出して皮を引き、140℃のオーブンで25分焼き、クロッカンテにする。身は食べよくカットする。
4. ソース類を作る。オリーブソースは、オリーブオイルでにんにくをゆっくりと煮て、黒オリーブ、アンチョビを入れてさらに煮たら、ミキサーでなめらかになるまで回す。和パセリは、オリーブオイルとミキサーにかける。サワークリームはエシャロットと合わせ、味を調える。
5. 器に4のオリーブソースをしき、3の身を盛りつけ、ピサンリ、4の残りのソース、3の皮を飾る。

魚介料理

春 スカンピのサラダ

スカンピは、日本では赤座海老。日本近海で獲れる海老で、いろいろある海老の中でも非常に味良く、甘みも強い高級素材の一つです。火を通しても美味しいですが、ここではサラダに仕立てました。この料理のように、生のもの同士を合わせてフレッシュさを楽しませる以外に、それぞれをさっと霜降り程度に茹でて合わせると、味が凝縮されて、また違った味わいに仕上がります。

材料

スカンピ…1尾

カルチョッフィ…1本
エシャロット（みじん切り）…1個分
粒マスタード…1杯
白ワインビネガー…6個
塩・白胡椒…各適量
クレソン…6個

作り方

1. スカンピは、むき身にする。
2. カルチョッフィは、酢水（分量外）につけながら下処理をする
3. 鍋に昆布だしと2を入れて加熱し、火を通す。そのまま氷水にあてて冷ます。
4. ボウルにエシャロット、粒マスタード、白ワインビネガーを入れて合わせ、1、3を加えて和える
5. 器に4を盛り、クレソンを飾る。

北寄貝とプンタレッラのサラダ

プンタレッラは、元々はローマの野菜。別名「チコリア・アスパラジオ」で、チコリの仲間です。サクサクした食感で、バーニャカウダに使われることも多い野菜です。旬が短く、冬場から春先にかけてのほんの一時期にしか出回らず、季節感の強い野菜なので、サラダにして季節を感じさせる一皿に仕上げました。やはりこの季節が旬の北寄貝と組み合わせました。ソースは、バーニャカウダをイメージして、アンチョビの焦がしバターソースです。

材料

北寄貝…1個
プンタレッラ…1/10株

バター…20g
アンチョビ（フィレ）…1本
和パセリ（みじん切り）…適量
塩・胡椒…各適量

パン粉（ローストしたもの）…適量

作り方

1. 北寄貝は殻から外し、砂を洗ってヒモやワタなどを掃除する。
2. グリラーで、1の北寄貝が赤く色が変わる程度にグリルする。
3. ソースを作る。バター、アンチョビを鍋に入れて沸くまで火にかけ、和パセリを加えて火からおろす。
4. プンタレッラは適当な長さにカットして皿に盛り、その上に1の北寄貝をのせる。2をかけ、焼いたパン粉をちらす。

魚介料理

春 新イカのソテーと ブロッコリーのスープ

ブロッコリーをスープ仕立てにして、真っ白なイカを焼いて組み合わせた、色も鮮やかな料理です。イタリアでは野菜類を茹でるときは、うま味が増すからと、くたくたに煮ることが多いもの。そこでブロッコリーを使い、ソテーしたエシャロットとともにブロードで煮ることで、くたくた野菜のうま味を表現しました。男爵芋を加えて、濃度も出しています。ローストしたイカだけでなく、スカンピなどもよく合います。

材料

新イカの胴…1杯分

ブロッコリー…1/2株
男爵芋…1/4個
バター…5g
エシャロット（みじん切り）…12g
ブロード・ディ・ポッロ…適量
E.X.V.オリーブオイル…適量
塩…適量

穂紫蘇…適量

作り方

1 男爵芋は、塩茹でにしておく。
2 ブロッコリーは、小房に分ける。
3 フライパンにバターを熱し、エシャロットとソテーしたら、1と2を加え、さらにソテーする。
4 3にブロードを加え、煮込んで味をなじませたら、ミキサーにかけスープにする。
5 新イカの胴は、鹿の子に庖丁を入れ、焼き色をつける。
6 器に4を流し、5を盛りつけ、穂紫蘇を飾る。

帆立のごま焼き
ポアロージュンヌソース

春

年間を通して出回る帆立も、旬は冬から春にかけて。こんも頃は身が大きく、味も濃厚です。淡泊ながらうま味があり、食感もやわらかな帆立の特徴を活かし、ごまの食感を組み合わせて食感の差を楽しませます。その際、グアンチャーレを巻くことで塩けをプラスします。ソースには、若採りのポワロー・ジュンヌを使いました。風味がおだやかで、淡泊な風味の帆立を邪魔せず、特有の甘みで帆立の味わいを強化してくれます。帆立のヒモは別にグリルして、香りと食感を楽しませます。年間を通して出回る帆立も、旬は冬から春にかけて。この頃は身が大きく、味も濃厚です。淡泊ながらうま味があり、食感もやわらかな帆立の特徴を活かし、ごまの食感を組み合わせて食感の差を楽しませます。その際、グアンチャーレを巻くことで塩けをプラスします。ソースには、若採りのポワロー・ジュンヌを使いました。風味がおだやかで、淡泊な風味の帆立を邪魔せず、特有の甘みで帆立の味わいを強化してくれます。

材料

帆立貝…1個
グアンチャーレ…適量
ごま…適量

ポワロージュンヌ…1本
バター…適量
ブロード・ディ・ペッシェ…適量

塩・白胡椒…各適量

作り方

1. ポワロー・ジュンヌの2/3本は、輪切りにしてバターでソテーし、ブロードを加えて少し煮る。
2. 半量をミキサーにかけピューレにする。残りは取っておく。
3. 1の残りのポワロージュンヌ1/3は、下茹でした後、油通しをして乾燥させる。
4. 帆立は殻から外し、ワタは加食部分を残して取り除き、貝柱だけにして水洗いする。ヒモは塩をふって軽くもみ、水洗いしておく。
5. 4の貝柱は、塩、胡椒で下味をしてグアンチャーレで巻き、ごまをまとわせて、オイルを熱したフライパンでソテーする。
6. 4のワタの加食部位とヒモは、グリルする。
7. 2のピューレをしき、2の残り半量のポワロー・ジュンヌをのせて、5の帆立を盛る。帆立に3をのせ、5のヒモとワタを内臓を添える。

真蛸のカルパッチョ

夏

蛸は日本人にはもちろん、イタリアも南部の人たちには馴染のある食材。一般的には、特に夏場が真蛸の旬で美味しくなります。蛸の下処理には、塩でもんだり大根で叩いたりといろいろな技法があります。私は皮を傷つけるのが嫌なので、塩をせず手でやさしくもんでいます。この手法だち、時間はかかっても組織は完全には壊れませんので、蛸独特の食感が楽しめます。夏場はさっぱりとカルパッチョに、冬場はやわらかく桜煮にしたりします。カルパッチョの場合は、スライスするだけでは面白みがありませんので、写真のように盛りつけにもインパクトを出します。つけ合わせには、相性の良いセロリを添えます。

材料（仕込み量）

真蛸…1杯（2〜3kg）

水…適量
塩…水の5%量
ほうじ茶…適量
日本酒…適量

茹で玉子（白身）…1個分
和パセリ…30g
白ワインビネガー…25cc
E.X.V.オリーブオイル…30cc

セロリ…適量
イタリアンパセリ…適量
レモン…適量

プチトマト…適量
塩・胡椒…各適量

作り方

1. 生の真蛸は、2〜3kgサイズのものを使う。頭を裏返して墨袋と内臓を取り除き、目とクチバシを切り取る【写A】。
2. 塩をせずに、約2時間やさしくもみ込む【写B、C】。
3. 2の蛸はぬめりを水で洗い流し、塩分8%の湯にほうじ茶と日本酒を加えた鍋で茹でる【写D、E】。茹で終えたら、頭を下にして氷水で冷やしながら塩出しし【写F】、冷めたら水けを拭いて乾燥しないように冷蔵庫で保存しておく。
4. 茹で卵の卵白、白ワインビネガー、和パセリ、オリーブオイルをミキサーにかけ、ソースを作る。
5. セロリをスライスし、イタリアンパセリを少し加え、塩、オリーブオイル、白ワインビネガーで味をする。
6. 真蛸の足を縦にスライスして皿に盛り、4のソースを流し、5を添える。蛸の足先にプチトマトをのせて仕上げる。

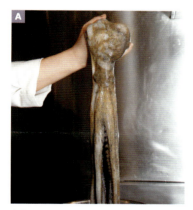

真蛸は、もむ前の生の状態では、持ち上げるとだらんとのびる。

蛸は、皮を傷つけないために塩をせず、2時間くらいやさしくもむ。もんでいると、蛸からの塩分が出て、ぬめりが出て泡立ってくるが、それでもむ。

もみ上がりの目安は、持ち上げてみて蛸の肩がいかっていれるかどうかで判断する。ぬめりは水で洗い流す。

8%の塩を入れた湯に、色出しのための番茶と、香りのための日本酒を加え、沸騰したところに足から少しずつ入れる。

足先から丸まるので、丸まったら沈める。再沸騰したら火を止めて取り出す。

頭を下にして冷やす。氷水につけて塩抜き。この時食べると塩っぱくて硬いが、塩抜きした後は、気持ちやわらかくなる。

夏 赤座海老のオレンジマリネ

スカンピは日本では赤座海老と呼ばれ、甘みがかなり強いのが特徴です。そのため最近では、日本料理の店でも使われるようになり、高級素材の仲間に入っています。そのスカンピを柑橘類でマリネするのは、南イタリアからシチリアにかけての手法。ただし、オレンジの風味があまり強いと、スカンピが負けてしまうので注意が必要です。ここでのオレンジは、赤座海老の甘みを引き立てるということを意識し、加減してマリネをするのがポイントです。

材料

赤座海老…3尾
オレンジ絞り汁…100cc

アーモンド…100g
牛乳…300g
塩…適量

シャンタナ…2g

サガラ…適量
アオメ…適量
オレンジの皮（細切り）
　…適量

作り方

1. 赤座海老はむき身にし、オレンジの果汁に浸しマリネする。
2. 鍋にアーモンドと牛乳を入れて煮る。ミキサーにかけてピューレにし、塩で味を調えソースにする。
3. 1でマリネした果汁にシャンタナを加え、ミキサーで回し、ソースにする。
4. 器に1を盛りつけ、サガラ、アオメ、オレンジの皮を添え、2と3のソースを流す。

夏 鮑(アワビ)のフリット　ケッカソース

イタリアでは、その形から「海の耳」と呼ばれる鮑。スライスして調理されることが多いようです。鮑特有のコリコリした食感と食べ応えを楽しませるため、大ぶりにカットし、フリットにしました。私は、フリットの衣は天ぷら衣に近いさらっとしたものにしています。イタリアのは重くて厚く、胃がもたれるため。日本人は天ぷらを知っていますので、わざわざ重くするよりは、さらっとした衣でさくっと揚げた方が喜ばれます。揚げ油は、オリーブオイルより軽い揚げ上がりになることから、太白ごま油を使っています。シンプルな揚げ物にイタリアのテイストを出すため、こちらもシンプルなケッカソースを合わせます。

材料

鮑…1貫

薄力粉…適量
卵…適量
水…適量

バター…適量
レモン絞り汁…1/8個分
パセリ（みじん切り）…適量

フルーツトマト…1個
玉ねぎ（みじん切り）…1/8個分
セロリ…1/3本
バジル…適量
塩…適量

バジリコ…適量

作り方

1 活け鮑は殻から外し、身、肝、紐と分ける【写A】。
2 小麦粉、卵と水で衣を作り、1の身を1/4にカットしてつけ、熱した油でフリットにする【写B】。
3 1の肝と紐は、バターでソテーした後、レモン汁、パセリのみじん切りを加える。
4 フルーツトマト、セロリは1mm角にカットしたら、玉ねぎと合わせ、塩で味を調える。
5 器に2と3を盛りつけ、4を添え、バジリコを飾る。

身の貝柱部分には、浅く隠し包丁をする。こうすると、食べる際に噛み切りやすくなる。

フリットには、太白ごま油を使っている。一般的なものの4倍はする高価なものだが、オリーブオイルよりもカラッと揚がる。

夏

イサキのソテー
ガスパチョのソース

夏場に、ソテーした魚をさっぱりと楽しませる料理です。暑くて食欲の落ちる夏場は、脂濃い肉料理よりも魚介料理に目が行きますが、それをガスパチョと合わせることで、さらにさっぱりとさせます。ガスパチョはスペインで夏場に食べる冷製の野菜スープ。ここでは水を使わず、トマトと野菜の水分のみで作ったものを、エスプーマに入れて焼いた魚にかけます。ふわっとした泡で口どけもよく、食べやすい上、野菜もたくさん摂れるのが魅力。ここでは、魚はイサキを使いました。

材料

トマトホール缶…40g
にんにく（半割）…1片
赤唐辛子…10g
E.X.V.オリーブオイル…適量
塩…適量

きゅうり…1/3本
セロリ…1/3本
プチドリップ…1g

A（仕込み量）
トマト…2個
セロリ…1本
赤パプリカ…1/8個
きゅうり…1本
シェリービネガー15cc
にんにく（半割）…1片
板ゼラチン…4g
E.X.V.オリーブオイル…適量
塩…適量

イサキ…80g
薄力粉…適量
バジリコ…適量
キヌア…5g

作り方

1 にんにく、唐辛子とオリーブオイルを鍋に入れて火にかけ、色づいたらトマトホール缶を加え、煮詰める。
2 5mm角にしたきゅうり、セロリを、1と合わせ、プチドリップを加える
3 Aのきゅうりは皮をむいて白い部分のみを使い、ゼラチン以外の材料とともにミキサーで撹拌する。戻した板ゼラチンを加え、裏漉ししてエスプーマに入れる。
4 キヌアは茹でてから油で揚げる。
5 イサキに下味をし、皮目に薄力粉をまぶしてソテーする。
6 5、2、4、3の順で盛りつけ、バジリコを飾る。

夏 穴子のスカペッシェ

スカペッシェは、揚げた魚を野菜類を加えた酸味のある漬け汁にからめた料理。日本の、いわゆる南蛮漬けに似た料理です。さっぱりとして美味しいのですが、魚本来の持ち味を、もっと積極的に楽しませたいと考えたのが、この料理です。野菜類は、生のままししっかりとマリネします。そして本来は揚げる魚を、揚げずに鉄板で焼くことで、身や皮の味わい、食感も楽しませます。夏の料理ですので、マリネの酸味はしっかりときかせて、さっぱり食べてもらうのがポイントです。ここでは、夏が旬の穴子を使いました。イタリアでも、穴子は親しみのある素材ですので、ぜひ作っていただきたい一品です。

材料

穴子…1本
塩・白胡椒…各適量
薄力粉…適量

玉ねぎ(スライス)…1/5個分
万願寺唐辛子(スライス)…1本分
黄パプリカ(スライス)…1/5個分
赤パプリカ(スライス)…1/5個分
セロリ(スライス)…1/2本分
赤ワインビネガー…適量
E.X.V.オリーブオイル…適量
塩・胡椒…各適量
薄力粉…適量

バルサミコ酢(エクストラ・ヴェッキオ)…適量

作り方

1. 野菜のマリネを作る。玉ねぎ、セロリ、赤・黄パプリカ、万願寺唐辛子は、赤ワインビネガー、オリーブオイル、塩、胡椒でマリネする。
2. 穴子は、目打ちをして背開きし、腹骨と背骨を取り除き、ヒレを切り取る。まな板に皮目を上にして並べ、熱湯をかけて表面のぬめりを庖丁でしごいて取り除く。
3. 2の中骨は、3回茹でこぼし、65℃の乾燥機で一日乾燥させる。
4. 2のおろした身は、塩、白胡椒で下味をし、皮目に軽く薄力粉をふる。
5. 熱した鉄板に皮目を下にしてのせ、重しを置き、平らになるようにして強火で焼く。皮目が焼けたら裏返し、身の方も焼いて火を通す。
6. 四角のセルクルを皿にのせ、中に1、カットした5の順に詰めて抜く。
7. バルサミコ酢を流し、3を飾る。

煮穴子とトロなす

穴子は、身のゼラチン質を活かしてテリーヌにしたり、香ばしく焼いて食べたりします。ここでは、身近な調理法として穴子を煮てから、たたんで、オーブンで温め香りを出します。つけ合わせとして添えたのが、絹かわなす。トロトロの食感に仕上げ、にんにく、白ワインビネガー、オイルでマリネしたものを添えることで、穴子となすの食感のギャップ、穴子の甘みとうま味、なすのうま味と酸味のマッチングを楽しませる一品にしました。

材料

穴子…1本

絹かわなす…1本
赤ワインビネガー…適量
にんにく…適量
E.X.V.オリーブオイル…適量
日本酒…適量
塩…適量
レモンの皮…適量
和パセリ（みじん切り）…適量
バルサミコ酢…適量

作り方

1 穴子をおろす。目打ちをし、背中から腹皮を残して割き、内臓、背骨、腹骨を取り、頭を落として尾ヒレを切り取る。開いて皮目を上にして台にのせ、熱湯をかけて表面のぬめりを庖丁でしごいて落とす。

2 日本酒と水を合わせたものを鍋で沸騰させ、1を入れ、15分煮る。

3 2から穴子を取り出し、煮汁は冷ました時に固まるくらいまで煮詰める

4 絹かわなすは1cm幅で浅めの穴をあけ、160℃で15〜20分揚げる。皮をむいたら、赤ワインビネガー、にんにく、オリーブオイル、塩でマリネする。

5 器に四角のセルクルをのせ、4をしき、炙った3を詰めて抜く。レモンの皮、パセリ、煮こごりを飾り、バルサミコ酢を流す。

魚介のサルシッチャ

(夏)

トラットリアなどでは、余った素材をピューレにして羊腸に詰めたりすることから、魚介だけを使ってソーセージ仕立てにしました。いわば、魚肉ソーセージの豪華版です。旬の魚介を使いますので、店で出すときは種類は決めていません。使う分量の1/5をペースト状にし、全体のつなぎにすることで、ゴツゴツとした身が中心のサルシッチャにしました。中にはフレッシュハーブを忍ばせ、爽やかさも楽しませます。外側には生に近いパンチェッタを巻き、塩けを補っています。ソースは、ムール貝を丸ごとピューレにしたもので、魚介の香りを強調しました。

材料（仕込み量）

- タラバガニの身…60g
- ホタテ…4個
- 海老（殻をむいたもの）…4尾
- イカ…60g
- ズッキーニ…1/2本
- セルフィーユ…1/4パック
- ディル…1/4パック
- エストラゴン…1/4パック
- 塩・胡椒…各適量
- E.X.V.オリーブオイル…適量
- パンチェッタ（スライス）…6枚

●ソース
- エシャロット…5g
- ムール貝…10粒
- 白ワイン…適量
- セルフィーユ…適量
- エストラゴン…適量
- ディル…適量
- アンチョビ…2g
- トマト（5mm角切り）…1/4個分
- ズッキーニ（5mm角切り）…10g

作り方

1. 半分量のイカに、塩、胡椒をしてオリーブオイルを加え、フードプロセッサーで回す。
2. 1の残りのイカと、それ以外の魚介類、ズッキーニは、1cm大の角切りにする。
3. 1と2をボウルに入れ、塩、胡椒をして混ぜ合わせアッシェにしたハーブを加える。
4. ラップをしき、その上にパンチェッタを広げて、3をのせ、巻き込む。
5. オリーブオイルを熱したフライパンで、4に焼き色をつけたら、オーブンに入れて焼く。火が入ったら、取り出して粗熱を取る。
6. ソースを作る。ムール貝は鍋に入れて白ワインを注いで蒸す。口が開いたら、取り出して殻から身を外す。ムール貝のうち7個と、アンチョビ、エシャロットとミキサーにかける。
   切り分ける。
7. トマト、ズッキーニは湯通ししてボールに入れ、6と、6で残しておいたムール貝3個と合わせ、ソースにする。
8. 器に7のソースを流し、5を切り分けて盛り、セルフィーユ、エストラゴン、ディルを飾る。

秋 イワシ 鰯のマリネ

ビネガーで〆た鰯の下に、ういきょうのサラダをしいた一品です。秋に旬を迎える鰯は、実は西と東で美味しさの質が違いますから、どこで揚がった魚かで、表現方法を変える必要があります。西の鰯は、岸和田産が有名。食べ頃になると小ぶりでふっくらとしていて、皮は銀色に光っています。味わいが繊細ですので、それに合わせた調理法をとっています。鰯を〆たビネガー、ういきょうに使ったビネガー、トマトをマリネしたビネガーと、種類の違うビネガーを3種類使い、酸味でも重層的な味わいに仕上げました。ちなみに、右ページが東の鰯を使ったものです。東の鰯は長くて大きく、皮には模様があるのが特徴です。大羽（鰯）とも呼ばれ、市場に出回るのは少し遅い時期になります。同じ鰯でも、こちらは身が厚くてしっかりしており、食べ応えもあるため、西の鰯の表現ではかえって下品に見えてしまいます。身が厚いところを見せるため、〆た身にウイキョウを入れて巻き込み、盛りつけました。

材料

鰯…30g
ういきょう…30g
フルーツトマト…1個
白ワインビネガー…8個
にんにく(半割)…適量
E.X.V.オリーブオイル…適量
米酢…適量
グラニュー糖…適量
塩…適量

作り方

1 鰯は手開きにし、塩をして水が出てきたら白ワインビネガーで洗い、にんにく、オリーブオイルでマリネする。
2 ういきょうはスライスし、塩、白ワインビネガー、オリーブオイルで味つけする。
3 米酢、グラニュー糖、塩、にんにくの半割を鍋で沸かし、冷めたらフルーツトマトを加えてピクルスを作る。
4 セルクルに2を敷き、1の鰯を並べて器に抜く。3をのせ、ういきょうの葉を飾る。

魚介料理

秋 秋刀魚(サンマ)のインサオール

玉ねぎやレーズンなどを、イワシなど青魚に巻き込んで作る伝統的な料理。ビネガーの酸味もあって甘酸っぱく、それが青魚のクセがよくマッチします。この料理を、野菜と一緒に蒸し焼きにする感覚でオーブンで調理し、温かい料理として提供しました。本来、インサオールは保存食のため、常温で食べるもの。それを温かい料理にして、魅力を高めました。魚が硬くなるので、冷蔵庫には入れず1日分しか作りません。ここでは、秋刀魚は食べやすいよう三枚におろし、日本料理の技法である「両づま折り」の形にととのえました。

材料

秋刀魚…1尾
玉ねぎ（スライス）…1/2個分
松の実（ローストしたもの）…10g
セージ（みじん切り）…適量
レーズン…10g
白ワインビネガー…20g
E.X.V.オリーブオイル…10g
塩・白胡椒…各適量

パン粉…適量
パセリ（みじん切り）…適量
E.X.V.オリーブオイル…適量

作り方

1. 秋刀魚は頭を落として三枚におろし、塩、白胡椒で下味をつける。
2. 玉ねぎ、松の実、白ワインビネガー、レーズン、セージ、オリーブオイル、塩、白胡椒をボールに入れ、玉ねぎがしんなりする程度に揉む。
3. オバール型の耐熱容器に2をしき、1の秋刀魚を両づま折りいしてのせ、オーブンで焼く。
4. 器に盛りつけ、パン粉とパセリをふる。オリーブオイルをふりかける。

秋

鱧と早松のフォンドゥータ

名残りの鱧と走りの松茸は、日本料理の秋の定番の組み合わせ。どちらも淡泊な味わいなので、そこにグアンチャーレの香りを加えることでイタリア料理の一皿に仕上げました。鱧は骨切りをし、沸騰した湯に落として牡丹鱧にし、さっと炙って香ばしさも出しています。ソースはフォンドゥータ。本来はフォンティーナチーズを使いますが、ハモと松茸という淡い風味には強すぎるので、やわらかな塩でクセも少ないトスカーナのペコリーノ・フレスコに代えて作ります。さらに、じゃが芋のピュレでのばし、鱧と松茸の風味を邪魔しないようにしました。

材料

鱧…1/2本
グアンチャーレ…適量
松茸…1本
芋ソース（下記参照）…適量
E.X.V.オリーブオイル…適量
すだち…適量

●芋ソース
生クリーム…50g
男爵芋…1個
E.X.V.オリーブオイル…50g
ペコリーノ・トスカーノ・フレスコ…50g
ブロード・ディ・ポッロ…180cc
塩・白胡椒…各適量

作り方

1. 鱧は腹から割いて開き、背骨を取る。ヒレを切り取り、皮目のぬめりを庖丁でしごいてとる。
2. 1の鱧は、骨切りをしながら5cm幅で切り落とす。
3. 沸騰した湯に2をくぐらせ、身が開いたら氷水に落とす。
4. 取り出して水けを拭き取り、バーナーで炙って焼き色をつける。
5. ソースを作る。男爵芋、ブロード・ディ・ポッロ、生クリームを鍋に入れ、半分量になるまで煮詰めたら、ペコリーノ・トスカーノ・フレスコを加えて溶かし、塩、白胡椒で味を調え、ミキサーにかける。
6. 4を盛り、グアンチャーレをスライスをのせ、5のソースをかけ、その上から松茸をスライスしてのせる。
7. オリーブオイルをふり、すだちの皮を削りかける。

牡蠣と冬野菜のテリーヌ

牡蠣と冬野菜の白菜とねぎを組み合わせ、牡蠣のうま味の中に、少しシャキシャキした食感を残したテリーヌです。この料理のポイントは、牡蠣への火の通し方。私は日本酒を沸かしてアルコール分を煮切り、70℃に温度を落としてから牡蠣を加えて蓋をします。こうすると、身が締まらず、しかもやわらかい。生っぽいのに、火が入っている感じで、切ったときに水分が出ません。日本酒を使うのは、酒の甘みでカキの甘みを逃がさないため。白ワインだと酸味が出てしまうので、冬場は日本酒を使っています。牡蠣自体も調理法で産地を変え、加熱するならクリーミーな九州の牡蠣を、生なら三陸産の真ガキを使っています。奥にはコクがあるカキのムース。すっきりした味わいで粒胡椒が合います。

材料（仕込み量）

- 牡蠣…6個+3個
- グアンチャーレ…6枚
- 白菜…7枚
- ねぎ（京都）…2本
- 昆布水…360cc
- ゼラチン…4枚
- 塩・胡椒…各適量
- E.X.V.オリーブオイル…適量
- 牡蠣のムース（右参照）…適量
- パンチェッタ…1枚
- 黒胡椒…適量

○牡蠣のムース
- 牡蠣…120g（約3個）
- 水…45g
- 塩…適量
- 生クリーム…175g
- 板ゼラチン…1枚
- 酒…適量
- カンパリオレンジ…5g

作り方

1 牡蠣は殻から取り出し、下処理をする【写A】。
2 さっと下茹でし、汁ごと冷ます【写B、C】。
3 しっかり水けをきってグアンチャーレで巻く。煮汁は取っておく。
4 白菜は軽く塩茹でにし、水毛を拭き取り、裂いてテリーヌ型に、牡蠣とねぎを交互に並べる作業を3回繰り返す。
5 3の煮汁は鍋に戻して火にかけ、アクを除いて味を調え、漉してからゼラチンを入れて溶かす【写D】。
6 5を4の型に流し込み、冷やし固める。
7 牡蠣のムースを作る。牡蠣は酒蒸しにしてミキサーにかけ、6分立ての生クリーム、ゼラチン、カンパリオレンジを加え、塩で味を調え、裏漉してムースにする。
8 つけ合わせを作る。パンチェッタは低温のオーブンでクロッカンテする。
9 器に6をカットして盛りつけ、7を添えて8を飾る。黒胡椒をふる。

殻を開けたら、砂を確認しながら氷水で汚れを洗う。貝柱部分に汚れが多いので、そこを中心に洗う。

日本酒を鍋に入れて煮切り、火を消して昆布水を加え、70℃に温度を落としたら、牡蠣を入れ蓋をする。沸騰したところに入れると、牡蠣の身の表面が硬くなる。

牡蠣にじんわりと火が入って、身がふっくらとしてくる。5分ほど浸けたら、ザルにあける。

汁は鍋に入れて火にかけ、アクを取り、沸騰させたら漉す。塩・胡椒をしてゼラチンを加え、粗熱を取る。

真ツブ貝とオリーブのサラダ

コリコリとしたツブ貝と、冬の素材として根菜類を組み合わせた、食感が楽しいサラダです。根菜は、半分はシャキシャキのまま、残りの半分は、さっとグリルした温かいツブ貝と合わせることで、しなっとなります。これら二つの食感とツブ貝との食感が楽しめます。ソースはツブ貝の肝の味わい。煮切った日本酒で火を通してから、アンチョビ、ケッパー、赤ワインビネガーを加えて作りました。

材料

真ツブ貝…1個

青大根（スライス）…3枚
紅しぐれ大根（スライス）…3枚
グリーンオリーブ…4粒
ケッパー…5g
アンチョビ…5g+5g
赤ワインビネガー…適量

E.X.V.オリーブオイル…適量
日本酒（煮切ったもの）…適量

作り方

1 真ツブ貝は、殻から外し、肝を切り離す。身はスライスしてグリルする。
2 1の肝は日本酒で炊き、オリーブオイル、アンチョビでペーストを作る。
3 2種類の大根は、水にさらす。
4 オリーブは2mm角に切ってボウルに入れ、ケッパー、アンチョビのみじん切り、赤ワインビネガー、オリーブオイルを合わせ、1と3を加え、和える。
5 器に2のペーストをしき、4を盛りつける。

牡丹海老のタルタル

冬

牡丹海老は、オレンジ色が鮮やかで、冬が旬の真っ盛り。非常に甘みが強く、甘海老よりも甘いという人もいるほどです。身はしっかりとして歯応えもあるので、生食でぜひ使いたい素材。この料理は、トマトとカリフラワーを組み合わせ、高さを出して盛りつけたサラダです。殻から取ったソースが非常に濃厚で、牡丹海老の甘みを香りでもさらに引き立てます。周囲にふったのは、オリーブオイルを粉状にしたもの。店では冬の定番料理です。

材料

牡丹海老…5尾
塩…適量

玉ねぎ（みじん切り）…30g
人参（みじん切り）…20g
セロリ（みじん切り）…20g
シャンタナ…適量

カリフラワー…1/8株
フルーツトマト…1/4個

マルト…30g
E.X.V.オリーブオイル…10g

シブレット…2本

作り方

1 牡丹海老は、むき身にする。殻は取っておく。
2 ボウルに、玉ねぎのうち10gと1を合わせ、塩で味を整える。
3 カリフラワーは下茹でし、スライスする。
4 マルト、オリーブオイルを合わせる。
5 1で出た殻を焼き、水、玉ねぎ20g、人参、セロリとともに鍋で煮て出汁を取り、シャンタナで濃度をつける。
6 セルクルに2を入れ、フルーツトマト、3の順に詰める。セルクルを抜いて器に盛り、周りに4をちらし、5を流す。シブレットを飾る。

バッカラマンテカートと生鱈のコンフィ

バッカラは、ベネトでよく食べられている郷土料理で、ポレンタがよく添えられます。ただ、バッカラは日本ではあまり馴染がない料理ですので、食感に変化をつけることで、新しさを感じさせる料理にしました。たとえば、ポレンタはそのまま皿にのせるのではなく、薄くのばして焼いて添え、カリッとした食感と鱈のねっとりとした食感の差も楽しませます。また、今は鱈が生で流通していますので、オリーブオイルとタイムなどを使ってコンフィにし、バッカラとともに盛りあわせることで、調理法による鱈の食感の違いも楽しませるようにしました。

材料（仕込み量）

作り方

バッカラマンテカート
塩鱈…3kg
エシャロット（スライス）…150g
白ワイン…160cc
生クリーム…500g
E.X.V.オリーブオイル…50g
バター…50g
牛乳…適量

A
ポレンタ…10g
水…100g
塩…1g

ポワロージュンヌ…3本
ブロード・ディ・ペッシェ…適量
バター…適量

生鱈…半身
E.X.V.オリーブオイル…適量
にんにく…2片
タイム…適量
岩塩…適量

1 バッカラマンテカートを作る。塩鱈は一晩水に浸し、塩抜きをしておく。
2 エシャロットは、鍋に入れてオリーブオイル、バターで炒める。火が入ったら白ワインを加え、1/3くらいになるまで煮詰め、生クリームを加え、さらに1/2になるまで煮詰める。
3 1は水けを拭き取って別鍋に入れ、牛乳を注いで3時間煮る。
4 3からバッカラを取り出して2に加え、仕上げる。
5 生鱈のコンフィを作る。生鱈は塩をして置き、水分をぬく【写A、B】。
6 5の生鱈は水けを拭き取り、オリーブオイル、タイム、にんにく、岩塩で64℃ 3時間コンフィにする【写C】。
7 つけ合わせのポレンタを作る。Aの材料を鍋に入れ、水分を飛ばし、150℃のオーブンでクロッカンテにする。
8 ポアロージュンヌはブロード、バターで炊き、1cm幅でカットする。
9 器に7を置き、6をのせる。その上に、5の皮目を焼いたものと、4のバッカラマンテカートをのせる。タイムをローストして飾る。

タラはウロコを引き、骨を除いたものを用意する。バットに塩をし、皮を下にしてのせ、身の熱い部分にも塩をし、30分ほど置いて水を浮かせる。

水が浮いて来たら、氷水で洗い、水分を拭き取ったら、吸水シートに包んで半日ほど置いておく。

吸水シートから取り出し、オリーブオイルににんにく、タイムを加えて温めた中に入れ、沸騰させないよう60～70℃を保ちながら火を入れる。火が入ったら取り出し、休ませる。
途中で油の中に白く白濁した肉汁が鍋底に溜まるので、それはソースとして取っておく。

魚介料理

冬 白子の黒トリュフソース

鱈の白子は、寒くなると見られるようになります。日本では、まさに冬の味覚でも、イタリア料理では使われない素材。ただし、ソースなどの組み合わせ方で、日本料理にはない、イタリア料理としての白子の一皿にできます。ここではパンチェッタを巻いて塩けを補い、じゃが芋を巻いてローストし、香ばしい風味とサクサクした食感を補いました。白子自体の濃厚な味わいを活かすために、ソースにはプロボローネと、黒トリュフを使います。

材料

白子…40g
パンチェッタ…2枚
男爵芋…1/2個
太白ごま油…適量

生クリーム（47%）…30g
プロボローネ…15g

スーゴ・ディ・カルネ…適量
黒トリュフ…適量

作り方

1 男爵芋は皮をむき、紐状に切る。
2 白子はパンチェッタを巻き、その上から1を巻き付つけ、太白ごま油を熱したフライパンでこんがりと色よく焼く。
3 ソースを作る。生クリームは鍋に入れて火にかけ、沸騰したら火を止め、プロボローネを加えて溶かし、フォンドゥータソースを作る。
4 器に3のソースを流し、黒トリュフを削りかけ、2を盛りつけ、スーゴ・ディ・カルネをかける。

冬 オマール海老のバリエ

　日本では、伊勢海老や赤座海老など、美味しく甘い海老がたくさんあります。それに対してオマール海老は、本来はやわらかく火を通して食べる素材で、高価なブルーオマール以外はどちらかというとワイルドで甘みは少ないのが特徴。その素材をカルパッチョとして食べさせるために、昆布でうま味を足しながら、水分をぬいて味を濃縮させる日本料理の技法も用いました。昆布で〆ることで、海老の余分な水分が完全にぬけて、しっかりとした食感になります。オマールの下には、スプマンテのジュレをしきました。ブドウのフルーティーな香りが爽やかで、ほんの少しの渋みが味を引き締めてくれます。奥に盛ったのは、サワークリーム、エシャロット、オマールの爪のほぐし身を合わせたディップをセモリナ粉のパンにぬったものです。

材料

オマール海老…1尾
キャビア…適量
エシャロット…10g
サワークリーム…6個
ディル…6個
米酢…1個
昆布…適量
ディル…適量

●リングエ・ディ・スオチェラ（仕込み量）
00粉…300g
水…120g
E.X.V.オリーブオイル…84g
塩…適量

00粉…1個
水…360cc
E.X.V.オリーブオイル…10g
塩…適量

野菜のブロード…適量

スプマンテジュレ
スプマンテ…60g
水…60g
砂糖…15g
板ゼラチン…4g

作り方

1 オマール海老は、腹側からワタをぬき、胴体をぬいて殻をむく。殻は取っておく【写A、B】。
2 1のオマールの身は、塩をして10分置く【写C】。水分が出てきたら酢で塩をさっと洗い、水けを拭いて昆布で挟み、半日水分を取る【写D】。
3 オマール海老の爪は、野菜のブロードで2分30秒茹で、氷水に取り、殻をむく。
4 リングエ・ディ・スオチェラを作る。材料を混ぜ合わせたら、パスタマシンでのばして幅2cm、長さ15cmに切り分け、300℃のオーブンで焼く。
5 スプマンテジュレを作る。板ゼラチンは冷水に2〜3分浸してふやかしておく。鍋で砂糖と水を沸かして砂糖を煮溶かしたら、火を止めて水けを絞ったゼラチンを入れ、むらなく溶かす。スプマンテを加えて容器に移し、粗熱が取れたら冷蔵庫に入れて冷やし固める。
6 1のオマール海老の殻は140℃で2時間焼き、ロボクープで粉にする。
7 器の手前に5のジュレをしき、2を置く。奥にエシャロットとサワークリームを合わせたものをしき、4、クリーム、3、キャビアの順でのせ、ディルを飾る。

オマールエビは胴を抜き、裏側のやわらかい殻の脇に鋏で切れ目を入れる。

そのまま冷凍庫で30分ほどおき、取り出して自然解凍する。新鮮なものほど殻から身がはがしにくい。冷凍にかけると取りやすくなる。これはシャコなどにも応用できる。

外した身は、背を下にし、背側の薄皮を1枚残して縦半分に切る。

さっと酢洗いし、表面を拭いた昆布にのせ、半日ほど〆る。

魚介料理

冬 サワラ
鰆の炙り

鰆は、関西では春が、関東では冬の寒鰆が知られる青魚です。通常、身はやわらか。〆て食べたり、焼いて食べたりすることが多く、刺身にする場合も皮をつけたままのことが多く、独特の香りがあります。そのクセを和らげるため、ここでは皮は炙って盛りつけました。鰆は身自体は淡泊なので、ソースはビシソワーズ的なじゃが芋のソース。バルサミコソースも添え、ひと皿で、苦み、酸味、甘みを構成しました。

材料

鰆…半身
バルサミコ酢…適量
ねぎ…適量
男爵芋…1個
プロボローネ…30g
玉ねぎ（スライス）…1/4個分
E.X.V.オリーブオイル…適量
バター…5g
生クリーム…180cc
ブロード・ディ・ポッロ…適量
塩・黒胡椒…各適量

バルサミコ酢（煮詰めたもの）…適量

作り方

1. 鰆は三枚におろし、塩をして約60分置いておく。
2. 1は水で塩を洗い流し、水けを取って、給水シートで一晩寝かせる。
3. ソースを作る。オリーブオイルを熱した鍋で玉ねぎを熱し、皮をむいてスライスした男爵芋、生クリーム、ブロード、バター、プロボローネとともに火にかける。
4. 半量になったら、ミキサーにかけて冷まし、ソースとする。
5. ねぎは細切りにし、素揚げして黒胡椒と合わせる。
6. 器に4をのせ、2の鰆を炙って盛りつける。5を飾り、煮詰めたバルサミコ酢で仕上げる。

甘鯛のウロコ焼き
桜海老のソース

甘鯛は、京料理などでよく使われる冬の魚。身はひじょうにやわらかいため、生よりは加熱して食べるのが一般的です。またウロコがやわらかいので、日本料理では若狭焼きで知られるように、ウロコをつけたまま調理して、そのパリパリとした食感も楽しませたりもします。身そのものは淡泊なので、ソースに濃厚な味わいを持たせました。ここでは、春先と秋から冬にかけてが旬の桜海老を選びました。甲殻類は殻に風味がありますので、桜海老もオリーブオイルで揚げ焼きに、フリットにと2種類の調理法でソースとつけ合わせにし、さらに乾燥させたものを粉末にしてふりかけ、香りを強調しました。

材料

甘鯛…80g

桜海老…60g
タイム…2枝

塩・胡椒…各適量
E.X.V.オリーブオイル
　…適量

作り方

1　ソースを作る。桜海老は、材料のうち30gをタイムと一緒に多めのオイルで揚げるように焼く。
2　水分が飛んだら、オイル、タイムを外し、ミキサーにかけてソースをとする。
3　1の桜海老のうち20gと、タイムをフリットにする。
4　3の桜海老の残り10gは、乾燥させて粉末にする。
5　甘鯛は、網にのせて高温に熱した油を皮目にかけ、火を入れる。ある程度火が入ったら、パイ皿にのせて高温のオーブンに入れ、火を通す。
6　皿に2をしき、甘鯛をのせ、3を飾り、4をちらす。

冬 甘鯛のウロコ焼き　蕪のソース

季節の甘鯛を使ったもう一品の料理は、蕪の風味で楽しむスタイルです。甘鯛はうま味があって美味しい魚ですが、身に水分が多いので、イタリア料理では高温の油をかけ、水分を落としながら火を入れるようにする技法が一番相性がいいのではないかと思います。蕪は実も葉も利用し、素揚げしてつけ合わせに、ソースに、泡にと、表現を変えて、皿の中でいろいろな形で楽しませます。

材料

甘鯛…1/4枚

葉つきの蕪…2個
ブロード・ディ・ペッシェ…適量
塩…適量
レシチン…1g
バター…5g
エシャロット（みじん切り）…5g

作り方

1. 甘鯛は、ウロコつきのまま網にのせ、高温に熱した油を皮目にかけ、火を入れる。ある程度火が入ったら、パイ皿にのせて高温のオーブンに入れ、火を通す。
2. 蕪のうち1つは、葉のついた部分の実を葉つきのままスライスし、素揚げし、クロッカンテを作る。
3. 残り1つの蕪は、葉とともにバター、エシャロットと火にかけ、火が通ったら、ミキサーにかけソースにする。
4. 2の蕪の実は、1cmの角切りにし、ブロードで炊く。
5. 4をジューサーにかけ、鍋に入れて一度沸騰させた後、漉して塩で味を調え、冷ます。レシチンを加えて泡立てる。
6. 器に3を流し、1、4を盛りつけ、2をのせ、5の泡を添える。

 冬
鮟鱇のロースト
<small>アンコウ</small>

見た目はグロテスクでも、冬には鍋ものとして人気の素材・鮟鱇。日本沿岸だけではなく、地中海にも生息し、イタリアでも海岸沿いの各地でいろいろな料理にされています。ただし市場では頭と皮は取り除いた状態で売られていて、身をローストや煮込みにされます。鮟鱇は大型の方が味がいいことから、私は10kg以上のものを選びます。捨てるところがないため、丸々1尾で取って店でさばき、残った部位も違う料理に利用しています。

材料（仕込み量）

鮟鱇…1尾
黒トリュフ…5g
パンチェッタ（スライス）…5枚
日本酒…適量
タイム…適量
白ワイン…適量
薄力粉…適量

男爵芋…1個
生クリーム…100g
バター…15g
パルミジャーノ（すりおろし）…15g

塩・白胡椒…各適量

●ソース
和パセリ…適量
E.X.V.オリーブオイル…適量
アンチョビ…適量
ケッパー…適量
タイム…適量
白ワイン…適量

作り方

1 鮟鱇は皮をはいでさばき、七つ道具（身、肝、ヌノ〈卵巣〉、ヒレ、エラ、水袋〈胃〉、皮）に分ける。
2 1の鮟鱇の身は、塩、胡椒で下味をつけ、黒トリュフのスライス、パンチェッタの順に巻き、ローストする。
3 肝は庖丁で血管をそぎ取り、一晩水にさらして血抜きをする。塩をし、日本酒をまぶしてマリネしたら、アルミホイルで巻き、20分蒸す。
4 皮、ヌノ、ヒレは、水袋に詰め、エラとともにタイム、白ワインで2時間煮て取り出す。
5 男爵芋は茹でて皮をむき、生クリーム、バター、パルミジャーノ、塩、白胡椒でペーストを作る。
6 4で下処理したエラは、薄力粉をまぶし、揚げる。
7 ソースを作る。和パセリ、オリーブオイルをミキサーにかけたら、ケッパー、アンチョビ、別にみじん切りにした和パセリ、オリーブオイルを加えて混ぜる。
8 皿に5のペーストしき、カットした2、3、4、6を盛りつけ、7のソースをかける。

冬 カサゴのグアゼット

グアゼットとは、トマトを使って魚介を煮込んだ料理。いわゆるズッパ・ディ・ペッシェのことで、各地に様々な呼び名があります。グアゼットと呼ぶのは、南イタリアの特にティレニア海岸沿いが多いようです。煮込むソースは先に作っておき、それで魚介を煮込む、というと手間要らずのようにも思えますが、より美味しく仕上げるには、煮込む魚介それぞれの質に合わせて火を入れ、ソースで合わせるようにします。なおパスティスとは、香草リキュールの一種。魚介類の臭みを消してくれます。

材料（2人分）

- カサゴ…1尾
- スカンピ…1尾
- 飯ダコ…1杯
- 小蛤…6個
- ムール貝…6個
- スタフトドオリーブ…1個
- 白ワイン…適量
- にんにく（半割り）…1片分
- 玉ねぎ（スライス）…1個分
- ホールトマト…360cc
- ブロード・ディ・ペッシェ…適量
- 海老のだし…適量
- アンチョビ…10g
- タイム…適量
- パスティス…20g
- 塩・胡椒…各適量
- E.X.V.オリーブオイル…適量

作り方

1. ソースを作る。玉ねぎとにんにくは、オイルを熱した鍋でチャツネ色になるまで炒める。
2. 小蛤とムール貝はフライパンに入れ、白ワインを注いで蓋をして加熱し、殻が開いたら取り出す。煮汁は取っておく。
3. 1の鍋にホールトマト、ブロード、海老のだし、2の煮汁を加えて煮詰める。
4. 一度アクを引いたら、タイム、アンチョビを加えてさらに煮詰め、パスティスを加える。
5. 4は裏漉ししてソースにする。
6. カサゴはウロコを引いて内臓を取り出し、水洗いして目にスタフトドオリーブを詰める。
7. 6のカサゴは塩、胡椒をし、オーブンで焼き色をつける。
8. スカンピは、殻つきのまま半割りにし、オーブンで火を入れる。
9. 飯ダコは、墨袋を取り、目とクチバシを切り取って塩もみし、ぬめりを取る。
10. 5のソースを鍋に入れて温めたら、7のカサゴを加えて煮込む。
11. カサゴに火が入ったら、8のスカンピ、9の飯ダコを加えて煮込み、最後に2で取り出しておいた小蛤、ムール貝を入れ、軽く煮込んで仕上げる。イタリアンパセリを飾る。

肉料理

Carne

肉料理：変化する肉質に合わせた火の入れ方を重視し、現代的な味わいに

サシを尊ぶ日本でも、赤身肉の味わいに関心が

　トスカーナのキアナ牛やチンタ・セネーゼに代表されるように、イタリアにはブランドを誇る肉があり、地元にはその肉質を活かした名物料理があります。またミラノ風カツレツやオッソブーコ、サルティンボッカ…と、古典的な肉料理も豊富。魚介料理と並んで、肉料理にも負けない魅力が広がっています。

　このように、元々高い魅力があるイタリアの肉料理を、どのように取り入れていくか。料理のバリエーションの前に、そもそもの材料である肉の質と、調理技法から考えたいと思います。

　肉質に関しては、西洋の肉の嗜好は赤身肉が中心です。それに対し日本では、サシ（脂肪交雑）の入った肉が過剰なまでにもてはやされてきました。もちろん、サシの入った肉はそれだけでも文句なしに美味しいものです。しかしそのため、赤身肉の美味しさが広く認知されてきませんでした。

　それが昨今の肉ブーム以降、赤身肉の美味しさにも関心が高まり、赤身肉を使った料理の美味しさを知る人が増えてきました。飲食店でも赤身のもも肉などを使った料理が人気を集めています。

肉質の変化に対応して、調理技法も現代的なものに

　生産者の側も、以前にもましてブランド肉の生産に力を入れるようになり、松阪牛や鹿児島の黒豚、比内鶏といったトップブランドの肉以外にも、各地で肉質の良いブランド肉が多く見られるようになってきました。

　肉の質は、大きく進化しているということです。したがって、そうした良質の肉の持ち味を活かすには、それに合わせた火の入れ方が必要になってきます。

　以前なら、肉汁が出ないよう高温で表面を固めたら、中まで火を入れるためにさっと焼いて仕上げるという方法が多かったと思います。

　しかし今では、繊細な肉のうま味にダメージを与えないよう、丁寧に火を入れることが求められます。たとえば82～83ページでご紹介しますように、表面に焼き色をつけたら、後はやわらかい火で、加熱しては休ませを繰り返しながら、じっくりと火を入れていく方法を私は行っています。

　これは、オーブンで焼く場合、グリラーで焼く場合、油脂で揚げ焼きにする場合なども基本的に同じ。牛肉や仔羊肉だけでなく、豚や鶏など、肉全般に応用できる技法です。

　また、たとえば鶏肉などは、身を開いて中に具材を包み込んでから火を入れる。豚肉はチーズや香草などを包み込んで火を入れる。こうした工夫はイタリアの伝統的な技術にあるのですが、そうした考え方を活かし、肉そのものの個性に別の要素をプラスすることでも、魅力はさらに広げられます。

　さらに、パサつきやすい肉の場合は、真空調理やスチームコンベクションオーブンを使い、しっとりとした食感に仕上げる、といった調理も大切です。

皿の上での表現方法も、満足感を高めるのに不可欠

　以上のように、肉質も、求められる調理技法も変わってきています。

　こうした時代に、イタリア料理らしい伝統的な肉料理を出そうという場合には、伝統的な調理法そのままでは現代の食材や人々の味覚とズレてしまっている部分もある、ということを理解した上で、調理に取り組む。伝統をベースにしながらも、常に現代に合わせた味づくりが重要です。

　それに加えてレストランでは、お客様に驚きや感動を与えることも、さらに重要になってきます。肉料理は、素材そのものだけで存在感がありますので、皿の上でそれをどう表現するのか。目先のアレンジとは異なる、ベースの料理を理解した上での工夫が、贅沢なお客様を満足させる魅力となるのです。

春 きゃべつで包んだ豚のロースト

春は、日本では甘くてやわらかい春きゃべつが、イタリアでもちりめんきゃべつのようなカーヴォロ・ネロが、フィレンツェでは煮込み料理として食べられています。きゃべつは特に豚肉との相性がいいので、生ハム、プロボローネとともに包んでローストしました。生ハムとチーズの塩け、コクで味わいが複雑になり、さらにボール状の形も皿の上で存在感が高められました。ソースとして、根セロリのピューレとスーゴ・ディ・カルネの2種類を流しました。

材料

豚ロース肉…50g
プロボローネ…15g
きゃべつ…1枚
網脂…適量
生ハム…1枚
小蕪…1個
グアンチャーレ…適量
根セロリ…20g
ブロード・ディ・ポッロ…適量
スーゴ・ディ・カルネ…適量
塩・胡椒…各適量
にんにく（みじん切り）…適量
ナツメグ…適量

作り方

1 豚ロース肉はスライスし、塩、胡椒、ナツメグ、にんにくで下味をつける。
2 プロボローネチーズを巻き、生ハム、きゃべつ、網脂の順で包みローストする。
3 小蕪を下茹でし、丸揚げする
4 根セロリはブロード、塩で炊き、ミキサーにかけてピューレにする。
5 4をしき、2を置いて、スーゴ・ディ・カルネを流し、胡椒をふる。
6 3の上にグアンチャーレのスライスをのせる。

春

ウサギのリピエノ

イタリアではウサギの料理は北から南まで見られます。中でも、ナポリの沖に浮かぶイスキア島には、日本では見られない穴ウサギを使った料理があって、島の名物料理になっています。日本では、ウサギは可愛い動物のイメージが強く、料理するには残酷で売れないという人もいますが、出してみると意外に評判がいいものです。ウサギ肉は淡泊なので、最初に香草などでマリネし、中にモルタデッラ、人参、食感として春をイメージさせる筍を詰め、さらにパンチェッタで巻いてロースロしました。ソースは、肉をマリネした時の汁にフォン・ド・ヴォーを足したものです。

材料

ウサギもも肉…1本
朝堀り筍…1本+20g
人参…12g
グリーンピース…10粒
モルタデッラ…20g
グアンチャーレ…8枚
木の芽…適量
スーゴ・ディ・カルネ…適量

●マリネ用
玉ねぎ（スライス）…1/2個分
人参（スライス）…1/3本分
セロリ（スライス）…1本分
ローリエ…1枚
白粒胡椒…10粒
白ワイン…20g

作り方

1 ウサギ肉をマリネする。マリネ用の香味野菜、ローリエ、白粒胡椒、白ワインを加え、しんなりしたら、もも肉を加えて一日マリネする。

2 筍は、水を張った鍋に、ぬか一つかみとともに入れ、火が通るまで煮る。火が通ったらそのまま冷まし、冷めたらぬかを洗い流す。

3 2の筍のうち、1本はオーブンで焼き色をつける。残りは取っておく。

4 1でマリネしたもも肉を取り出して開く。マリネ汁は、野菜を漉し、汁を取っておく。

5 4の肉に、3で残した筍20g、人参、グリーンピース、モルタデッラを詰めで巻き込み、周りをグアンチャーレで巻き、250℃のオーブンで30分かけて焼く。

6 ソースを作る。4で取っておいたマリネの汁とスーゴ・ディ・カルネを煮詰めてソースにする。

7 5をカットして器に盛りつける。3の筍を添え、木の芽を飾る。

春 乳飲み仔羊のロースト
モリーユ茸のソース

乳飲み羊は、一般的には炭火焼きにすることが多い素材。ただ、ここでは状態が良かったので、ローストにしました。ローストのポイントは、肉汁を逃がさないよう、肉に徐々に火を入れること。これは羊に限らず、何の肉でも同じです。ソースは、茸としては珍しい、春先が旬のモリーユ茸。日本ではアミガサダケと呼ばれています。ソテーして香りと味を出したら、スーゴ・ディ・カルネを加えてソースにします。シンプルにローストした肉とソースで構成しましたが、より羊っぽさをだすために、塩けとしてペコリーノを合わせてもいいでしょう。

材料

乳飲み仔羊ロース肉…200g
ローズマリー…適量
スーゴ・ディ・カルネ…適量
モリーユ茸…適量
E.X.V.オリーブオイル…適量
バター…適量
エシャロット…適量

作り方

1 乳飲み子羊は、余分な脂身を落として掃除をする【写A】。
2 ローズマリーをのせ、骨にアルミホイルをかぶせる【写B】。
3 260℃のオーブンでローストする。肉に熱が入ったらオーブンから出して休ませ、落ち着いたらオーブンに入れるを繰り返し、30分かけてローストする【写C】。
4 ソースを作る。フライパンでオリーブオイル、バター、エシャロットをソテーし、モリーユ茸を加えてさらにソテーする。スーゴ・ディ・カルネで止めてソースとする。
5 1の肉は、少し休ませてから切り分け、2とともに器に盛りつける。中央に1で焼いたローズマリーを飾る。

骨の周りには薄い膜がくっついている。オーブン内ですぐに焼け焦げてしまい、臭いが肉についてしまうので、包丁で削り、丁寧に取り除く。

淡泊な乳のみ仔羊は、ハーブ類を肉にのせて焼くと、その香りに負けてしまう。ローズマリーは骨の部分にのせ、アルミホイルで骨と一緒に包むようにする。

網にのせてオーブンに入れ、260℃で3分半、裏返して3分半焼いたら、取り出して3分半休ませ、再びオーブンで3分半という作業を繰り返し、火を入れる。

仔牛のカツレツ

春

仔牛のカツレツといえば、ミラノ風で知られる料理。今は叩いた薄切り肉を使うことが一般的なこの料理、本来は厚切り肉を使い、じっくりと火を通します。その方が、赤身肉を噛みしめる美味しさが味わえ、贅沢感も増します。この調理では、澄ましバターを使います。沸点が高く、焦げにくいからです。衣づけした肉は低温のフライパンにのせ、中火で加熱。バターが泡立ってきたら弱火にして油の温度を保ち、肉に油をかけながらゆっくりと焼き上げます。つけ合わせのアスパラには、竹炭を加えて焼いたパンから作るパン粉をつけて、土のイメージを出しました。

材料

骨付き仔牛ロース肉…250g
グリーンアスパラガス…2本
澄ましバター…適量
薄力粉…適量
卵…1個
パン粉…適量
黒いパン粉…適量

●ソース
バター…30g
レモン…1/4個

塩・胡椒…各適量

作り方

1 仔牛肉は、塩、胡椒で下味をつけ、小麦粉な、溶き卵、パン粉の順で衣づけをする。
2 フライパンに澄ましバターを熱し、1を入れて揚げ焼きにするように火を入れる【写A】。
3 アスパラガスは根元に近い固い部分を切り取り、根元の部分だけ黒いパン粉をつけて揚げる【写B】。
4 ソースを作る。バターを火にかけ、焦げる手前でレモンの果汁を加え、沸騰を止める。水(分量外)で濃度の調整をしてソースにする。
5 器に2と3をカットして盛りつけ、4を別容器に入れて添える。

澄ましバターを入れたフライパンを加熱し、低温で肉を入れる。バターが泡立ってきたら、温度を保ったまま、肉にバターをかけながら揚げ焼きにする。衣がキツネ色に色づいたら、それ以上色はつけず、肉に火を入れる。

アスパラはオーストラリア産。黒いパン粉は、専用に竹炭を入れて焼いたパンを粉に挽いたもの。根元に近い部分にだけパン粉をつけ、色よく揚げる。

仔牛のレバー　ヴェネツィア風

その名の通り、ヴェネツィアの名物料理です。伝統的なスタイルでは、スライスしたレバーを玉ねぎと炒め合わせます。しかし日本のレバーで質の高いものは、臭みがなく味もいいので、レバーそのものの美味しさを活かすために厚くカットし、ステーキ風に仕上げました。玉ねぎは別にソテーして甘みを引き出し、皿の上で組み合わせます。つけ合わせに欠かせないポレンタは、練ったものに加えて、ポレンタを薄くのばして油で揚げ、気泡を入れたものを添えました。パリパリとした食感の変化が楽しいポレンタです。

材料

仔牛レバー肉…200g
塩・胡椒…各適量
E.X.V.オリーブオイル…適量
ペコロス…3個
和パセリ…適量

ポレンタ…10g
水…100g
塩…1g

●ソース
スーゴ・ディ・カルネ…20g
トマトソース…15g
玉ねぎ…20g
赤ワインビネガー…5g

黒胡椒…適量

作り方

1 仔牛レバーは塩、胡椒をし、表面をさっとグリルし、オーブンで火を入れる。
2 ペコロスは、半割りにしてソテーする。
3 ポレンタは、水と塩をともに鍋に入れて炊く。
4 炊き上がったポレンタは、1/3を薄くのばして乾燥させた後、揚げる。残り2/3は、そのままつけ合わせにする。
5 ソースを作る。スーゴ・ディ・カルネ、トマトソース、ソテーした玉ねぎを鍋に入れて火にかけ、沸いたら赤ワインビネガーを加えて仕上げる。
6 器に1を盛り、2をのせる。4を添え、5のソースをかける。胡椒をふる。

リードヴォーと赤座海老のインパデッラ

フランス料理で、よく使われるイメージのあるリードヴォー。イタリア料理でも馴染の素材です。日本では、昔と比べると新鮮なものが手に入るようになり、料理の楽しませ方も変わってきています。かつては加熱済みのもので中に水分が入っていましたので、水抜きをしないと使えませんでした。今では生が手に入り、ブロードで炊いたらすぐに使えます。ここではそうした鮮度の高いリードヴォーの、ふわっとした食感を活かすよう調理します。イタリア料理では古典的な組み合わせのリードヴォーと海老の料理で、エビと合わせたら、白ワインとバターでさっと仕上げ、火が入り過ぎないようにします。

材料

リードヴォー…60g
赤座海老1尾
エシャロット…10g
和パセリ…適量
白ワイン…適量
バター…10g
薄力粉…適量
野菜のブロード…適量
E.X.V.オリーブオイル…適量

作り方

1 リードヴォーは、野菜のブロードで炊く。火が入ったら取り出し、重しをして水分を抜く。赤座海老は、むき身にする。
2 1のリードヴォーに塩、胡椒で下味をし、薄力粉をまぶし、オリーブオイルを熱したフライパンで焼く。
3 一度リードヴォーをフライパンから取り出したら、1の赤座海老に薄力粉をまぶして同様に焼き、白ワインで止める。
4 リードヴォーをフライパンに戻し、エシャロット、バターを加えてからめ、最後に和パセリを加え仕上げる。
5 器に盛りつける。

夏 モルタデッラのエスプーマ ニョッコ添え

食品産業が盛んで、豊かなエミリア=ロマーニャ州。そのエミリア地方全域で食べられているのが、ニョッコ・フリット(モデナでの料理名。地域内の各都市で料理名は異なる)。揚げた生地に、地元で作られたプロシュットやサラミ、モルタデッラをのせて食べる前菜です。その伝統料理を、エスプーマという昔はなかった調理器具を使って違うイメージに仕立てました。モルタデッラはムース状にし、ニョッコにつけて食べられるようにします。

材料(仕込み量)

モルタデッラ…400g
水…200g

ピスタチオ(刻んだもの)…適量

●ニョッコ…60個
強力粉…100g
ベーキングパウダー…1g
ラード…10g
温水(40℃)…60g
塩…2g

作り方

1. ミキサーに、モルタデッラと水を入れてよく回す。
2. エスプーマに入れて、ガスを注入し、半日、冷蔵庫に入れておく。
3. ボールにニョッコの材料を全て入れ、よく混ぜる。
4. 半日、冷蔵庫で寝かした後、約3mm厚さほどに薄くのばし、パイカッターでカットして、200℃の油で揚げる。
5. 油をよくきって器に盛りつけ、2のエスプーマを絞る。ピスタチオをちらす。

夏 豚フィレのサルティンボッカ

今の肉は、かつてのような臭みがありません。その利点を活かして、古典料理を現代風に仕上げた一品です。白金豚のフィレ。サルティンボッカは、ローマに伝わる古典的な料理として日本でも知られています。その料理の調理技法を使い、豚フィレ肉で肉のうま味を楽しませるようにしました。豚フィレ肉は、塊のまま生ハムで巻いてローストし、揚げたサルビアで香りをつけます。また別のサルビアを生ハムで挟んでカリカリに焼いたものを、つけ合わせにしまして、食感の違いも楽しませます。肉の下には、じゃが芋とチーズを合わせたものを、つけ合わせにしました。

材料

豚フィレ肉…80g
生ハム（スライス）…4枚
網脂…適量
セージ…5枚
塩・胡椒…各適量

じゃが芋…1/2個
生クリーム（47％）…15g
ブロード・ディ・ポッロ…30cc
パルミジャーノ…15g

スーゴ・ディ・カルネ…適量
黒胡椒…適量

作り方

1 豚フィレは塩、胡椒で下味をつけ、生ハム、網脂の順に巻き、ローストする。
2 生ハム2枚の間にセージを挟み、オーブンで焼いてクロッカンテにする。
3 じゃが芋は茹でて皮をむき、生クリーム、ブロードを加え、火にかける。ピューレ状になったら、パルミジャーノを加える。
4 3を皿に流し、1をのせ、スーゴ・ディ・カルネをかける。2とセージのフリットを飾る。黒胡椒をかける。

肉料理 093

秋 鶏のテリーヌ　レバームース添え

鶏は身近で大衆的なイメージのある素材。ただ、クセが少ないだけに、いろいろな工夫を凝らすことができます。お客様が味わったことのない魅力引き出すことで、贅沢な一品に仕上げることもできます。この料理は、むね肉、もも肉に内臓と、一皿で鶏一羽を丸ごと堪能していただく料理です。むね肉ともも肉はテリーヌに、レバーはムースにすることで、肉の味わいとともに、食感にも変化をつけます。さらに、黒トリュフ、パルミジャーノ、マルサラと3つの風味を添え、最後まで食べ飽きずに楽しめるようにしました。

材料（仕込み量）

鶏もも（300g位）…1枚
鶏むね肉…50g
心臓…20g
塩…適量
マーシュ…適量

レバー…230g
にんにく…1片
玉ねぎ…35g
塩・胡椒…各適量
E.X.V.オリーブオイル…適量
マルサラワイン…50g
ローズマリー…1本
ローリエ…1枚
生クリーム…100g

黒トリュフ（細かく砕いたもの）…適量
パルミジャーノクロッカンテ（下記参照）…適量
マルサラのジュレ（下記参照）…適量

作り方

1 鶏のテリーヌを作る。鶏もも肉は、肉を皮から5mm位残して取り除く。むね肉と心臓はコンカッセにする。
2 1のもも肉は、厚い部分の肉をそいで平らにし、肉の総量の1%の塩をふり、1のむね肉と心臓をのせ、巻き込んでラップで包む。
3 2は袋に入れて真空にかけ、70℃のスチームコンベクションに90分間入れ、テリーヌとする。
4 レバームースを作る。にんにく、オリーブオイル、玉ねぎを炒めたら、血抜きしたレバーを入れ、さらに炒める。
5 ローリエ、ローズマリー、マルサラ、塩、胡椒を入れ、2時間オーブンでゆっくり火にかける。
6 フードプロセッサーで回して、漉す。
7 粗熱が取れたら、6分立てにした生クリームと和える。
8 冷蔵庫で一日寝かせ、レバームースとする。
9 3を器に盛り、マーシュを飾る。
10 8をのせて、パルミジャーノのクロッカンテを添える。マルサラのジュレ、黒トリュフをのせる。

パルミジャーノのクロッカンテ

■材料（20枚分）
パルミジャーノレッジャーノ…90g
卵白…30g

■作り方
1 卵白のこしを切る。パルミジャーノレッジャーノとしっかり合わせる。
2 160℃のオーブンで表、裏3分ずつ焼く。途中、生地が乾いてきたらオーブンシートを一面外す。

マルサラのジュレ

■材料（仕込み量）
マルサラ酒…250cc
板ゼラチン…2枚

■作り方
1 ゼラチンは、氷水でふやかしておく。
2 鍋にマルサラ酒を入れて火にかけ、アルコールが飛んだら火からおろし、余熱を取ってから1を加えて混ぜ、溶かす。
3 容器に移して冷蔵庫で冷やし固める。

鶏と茸のカチャトラ

秋

鶏やウサギなど、淡泊な肉で作る料理です。「猟師風」の名の通り、にんにく、ローズマリーに加え、その時期の土地で採れる野菜や茸類を合わせるのが特徴で、一般的には煮込んで作ります。こうした本来は素朴な伝統料理を、エッセンスは残しながらリストランテとして表現をしたのがこの一品です。調理法は煮込みではなく、ローストにしました。その代わり、火の入れ方を丁寧に行い、しっとりとやわらかく仕上げます。合わせるのは、秋らしく茸を使いました。茸のうま味が凝縮されるよう、水分をしっかりと飛ばしてからソースに仕上げます。

材料（仕込み量）

鶏もも肉…1枚
ローズマリー…2本
にんにく（みじん切り）…1片分

白舞茸…適量
舞茸…適量
榎茸…適量
なめ茸…適量
ハタケシメジ…適量
E.X.V.オリーブオイル…適量
バター…適量
ブロード・ディ・ポッロ…適量
銀杏…5個
赤ワインビネガー…適量

作り方

1 鶏もも肉は平らにし、ローズマリー、にんにく、塩、胡椒で下味をつけ、巻いてタコ糸でしばる【写A】。
2 フライパンにオリーブオイルとにんにくを入れて火にかけ、香りが出たらにんにくを取り出し、1を入れてローストする【写B、C】。
3 ソースを作る。フライパンに茸とオリーブオイルを入れ、茸の水分を出すように焼く。
4 茸の水分が飛び、軽く焦げ目がついたらブロードを加え、バター、銀杏、赤ワインビネガーでソースを仕上げる。
5 鶏をカットして器に盛り、4をかけ、ローズマリーの素揚げを飾る。

肉は厚いところをへいで、平らにしてから塩・胡椒をして巻き込み、しばる。

オイルは、にんにくの香りをつけたオイルで焼く。強火で表面に焼き色をまんべんなくつける。

オーブンに入れて2～3分熱を通したら、取り出して2～3分休ませ、再びオーブンで2～3分焼く、という具合に、ゆっくりと火を通す。

冬

鶏のガランティーヌ

鶏のガランティーヌは、北イタリアの古典的な料理。私の店では、クリスマスの時期によく作ります。鶏むね肉を挽いたものに、マデラ酒や黒トリュフなどを合わせ、生ハムにのせて巻き込みます。これを湯せんでじっくりと火を入れます。蒸す手法もありますが、こちらの方が肉汁が逃げず、しっとりとなめらかで香り豊かな一品に仕上がります。甘みを合わせると鶏肉の味が引き立ちますので、りんごを甘く煮たものを添えました。

材料（仕込み量）

鶏むね肉…200g
塩…5g
生クリーム…20g
マデラ酒…4g
白胡椒…適量
ナツメグ…適量
黒トリュフ…50g
生ハム（スライス）…適量

レバームース（95ページ参照）…適量
りんご（角切り）…20g
トレハロース…10g
水…10g

● 黒トリュフソース
黒トリュフ、にんにく、イタリアンパセリ、E.X.V.オリーブオイル、クールブイヨン…各適量

マーシュ…適量

作り方

1 鶏むね肉は皮を外し、挽き肉にする。塩、生クリーム、マデラ酒、白胡椒、ナツメグをよく混ぜ合わせる。皮は取っておく。
2 ラップを広げて生ハムをしき、1、黒トリュフの角切りをのせて巻き、アルミホイルでさらにきっちりと巻いて、密閉する。
3 沸騰したお湯に2を入れ、火を切って30分経過したら氷水に取る。
4 1で取っておいた皮は、160℃のオーブンで約20分焼いてクロッカンテにする。
5 りんごは、トレハロース、水とともに鍋に入れて炊く。
6 黒トリュフソースを作る。みじん切りのにんにくとオイルを鍋に入れて火にかけ、香りが出たらみじん切りのイタリアンパセリと黒トリュフを入れてソテーし、クールブイヨンを加えて煮詰め、ミキサーで回す。
7 3をカットして器に盛り、4、5を添え、マーシュを飾る。6のソースを流す。

オッソブーコ

オッソブーコは古典的な北イタリアの料理で、特にミラノ風が有名。煮込み料理でも、伝統的なレシピでは白ワインを使い、トマトは入りません。筒切りにしたすね肉に残る骨の丸い形が特徴ですので、表現を変えて盛りつけることで、現代的な印象に仕上げました。ミラノ風は、サフランのリゾットが添えられます。ここでは肉の脇に添えるのではなく、リゾットを丸めて、焼きリゾットのイメージでカリカリに焼き上げて添えました。

材料（仕込み量）

牛すね肉…1本
にんにく（半割り）…1片分
玉ねぎ（みじん切り）…3個分
人参（みじん切り）…1/3本分
セロリ（みじん切り）…4本分
ホールトマト…90cc
ブロード・ディ・ポッロ…適量
白ワイン…適量
薄力粉…適量
塩・胡椒…各適量
E.X.V.オリーブオイル…適量

イタリアンパセリ（みじん切り）…適量
レモンの皮（すりおろし）…適量

●ミラノ風リゾット
米…30g
エシャロット（スライス）…6g
バター6g
パルミジャーノ…12g
サフラン…1g

作り方

1. 牛すね肉は塩、白胡椒で下味をつけ、薄力粉をまぶし、オリーブオイルを熱したフライパンで焼く。
2. 別鍋にオリーブオイルを熱し、玉ねぎ、人参、セロリ、にんにくを入れてソフリットを作る。
3. 2に1の肉を入れ、白ワイン、ブロード、ホールトマトの順に加え、180℃のオーブンで1時間半煮込む。
4. ミラノ風リゾットを作る。フライパンにバターを溶かし、エシャロットを入れて炒めたら、米を入れて透明感が出るまで炒め、サフラン、ブロードを加えて炊き上げる。最後にパルミジャーノ、バターを入れてよく混ぜる。一度冷ます。
5. 4は3等分し、丸めて油をしかないテフロンパンで焼く。
6. 3は肉と骨を分けて器に盛り、5を添える。レモンの皮、イタリアンパセリのみじん切りを飾る。

牛ネックのボリート仕立て

ピエモンテの冬の料理として知られる、茹で肉の盛り合わせのボリート・ミスト。それから発想した料理で、茹で肉を使った冷製の前菜です。ネックの肉は、脂抜きで茹でるとゼラチンも出てきてしまうので、煮こごりのイメージでそれも使いました。肉は火を入れすぎるとコンビーフになってしまうので、真空調理でしっとりと仕上げてテリーヌ型に流します。カットして、大型のパプリカ「パレルモ」に盛ると、目をひくお洒落な一品になります。

材料（仕込み量）

牛ネック肉…4kg
にんにく…5片
ローズマリー…5束
E.X.V.オリーブオイル…500g
板ゼラチン…5枚

ラディッキオ（せん切り）…適量
塩・胡椒…各適量
ワインビネガー…適量
E.X.V.オリーブオイル…適量

●ソミュール液
水…6ℓ
にんにく…5片
ローリエ…5枚
白粒胡椒…50粒
ローズマリー・タイム・サルビア…各1枚
塩…900g

●バニョットヴェルデ
固くなったパン（中の白い部分）…200g
茹で卵…2個
イタリアンパセリ…1パック
アンチョビ（フィレ）…20本
ケッパー…40g
にんにく…1片
白ワインビネガー…適量
E.X.V.オリーブオイル…適量
塩・胡椒…各適量

作り方

1 ソミュール液を作る。鍋に材料をすべて入れて火にかけ、沸騰したら火を止める。
2 1が冷めたら、あかね牛のネックを入れて3日漬けておく。
3 取り出したあかね牛のネックは、流水で2時間、塩抜きする。
4 3の肉は水けをきって800gくらいずつにカットしたら、にんにく、ローズマリー、オリーブオイルを入れて真空する。
5 4は湯せんにかけ、湯がふつふつと沸いている状態を保ちながら10時間おく。
6 5はザルにあけて、肉と出てきた漬け汁を漉す。
7 6の漬け汁はオリーブオイルをきれいに取り除いて肉汁だけにし、水でふやかしておいた板ゼラチンを加えて溶かし、肉と一緒にテリーヌ型に入れて冷やし固める。
8 バニョットヴェルデを作る。材料をすべてミキサーに入れて回す。
9 8のソースを流した器に、ラディッキオを塩、胡椒、ビネガー、オイルでマリネしてのせ、その上にカットした7を盛る。

冬 山吹鶉(ウズラ)のロースト

ジビエの時期は、鹿や猪以外に、野鳥もいろいろな素材が揃います。以前は海外のものが珍重されましたが、近年、国産の鶉や鳩のレベルが上がって見直されています。ウズラなどは、内臓、キンカンなどをそのまま使えるものが入りますので、内臓の使い方・火の通し方がポイントになります。他の肉料理と同様に、オーブンで一気に火を入れるのではなく、ある程度火が入ったらオーブンから出して休ませ、またオーブンに入れてをくり返し、少しずつ火を入れるようにしますと、しっとりとした焼き上がりになります。

材料（2人分）

山吹鶉…1羽
塩・胡椒…各適量

小蕪…1個
グアンチャーレ（スライス）‥1枚
スーゴ・ディ・カルネ…適量

作り方

1. 山吹鶉は羽根を取って、內臓を壺抜きにする。
2. 山吹鶉の肝臓、心臓、キンカンを胴の中に戻し、塩、胡椒で味をして楊枝で留める【写A】。
3. 2は、オーブンに入れてゆっくりと火を入れる。焼き色をみながら、肉が温まったらオーブンから取り出して休ませ、再びオーブンで加熱を3回ほどくり返す。
4. 小蕪は下茹でをし、水けを取り丸揚げにする。
5. 3を縦に半分にカットして器に盛りつけ、4を添え、その上にグアンチャーレをのせる。スーゴ・ディ・カルネを流す。

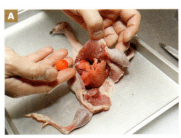

肝臓、心臓、それにものによってはキンカン（未成熟卵）が入っているものがある。食べられる部位なので丁寧に扱い、開いた肉に戻して火を通す。

山鳩のロースト ペヴェラーダソース

冬

105ページでもご紹介しましたように、今、国産の鳩や鶉のレベルが上がっています。外国産に頼らず、鮮度の高いジビエが手に入りますので、野鳥を使った料理では、内臓の使い方がポイントになります。鳩にはペヴェラーダソースがよく用いられます。しかしそのソースは香辛料の香りが強く、内臓が良くないときに考案されたのではないかと思われます。そこで新鮮な鳩を使う現代の料理では、ペヴェラーダも古典的なレシピをベースに、現状に合った味わいを取り入れます。内臓は半量を塩・胡椒でローストに、残りは胡椒をきかせたソースに加え、肉に添えます。

材料（2人分）

山鳩…1羽
京ねぎ…1本
玉ねぎ（みじん切り）…1/4個分
にんにく（半割り）…1片分
アンチョビ（フィレ）…1枚
黒胡椒…適量
E.X.V.オリーブオイル…適量
スーゴ・ディ・カルネ…適量
ブランデー…適量

作り方

1. 山鳩は、内臓を取り出し、胸、足、手羽に分ける。焼き色をつけた後、220℃のオーブンでローストする。
2. 1で取り出した内臓は、半量を5mmの角切りにする。残りは取っておく。
3. 玉ねぎとにんにくをオイルで炒め、色がついたら、粗くつぶした黒胡椒と2の内臓を加え、ブランデーをふってアルコールを飛ばし、スーゴ・ディ・カルネを加えてソースにする。
4. 京ねぎは下茹でをし、オーブンに入れて焼き色をつける。
5. 2で残しておいた内臓は、塩、胡椒で下味をつけてソテーする。
6. 器に3のソースをしき、1をカットして盛り、京ねぎを添える。4をのせる。

鹿フィレ肉のロースト

鹿肉は、近年、猪肉と同様に各地で自治体が力を入れるようになり、以前より入手しやすくなった素材です。ただそれだけに、肉質選びは重要になっています。私は以前から、根室産のエゾ鹿のフィレ肉を使っています。一般に、鹿はあっさりしていて、焼くと脂分が足りなくなりますので、網脂で包んで焼くようにします。ここでのつけ合せは、堀川ごぼう。ビーツ、トピナンブールと鹿の心臓。トピナンブールは日本名でキクイモのことで、美容や健康面に良いという成分で注目されています。

材料

鹿フィレ肉…80g
網脂…適量

鹿心臓…40g
堀川ごぼう…40g
ビーツ…40g
トピナンブール…1/2本
スーゴ・ディ・カルネ…適量
ヴィンコット…適量
ブロード・ディ・ポッロ…適量
塩・胡椒…各適量

作り方

1 まずつけ合わせを用意する。堀川ごぼうとビーツは、茹でておく。
2 トピナンブールは、半分をスライスして素揚げしクロッカンテにする。残りはブロードで炊いてミキサーでピューレにする。
3 鹿の心臓は、グリルする。
4 鹿フィレ肉は、塩、胡椒で下味をし、網脂で巻いて形を整え、オーブンに入れてローストする。
5 器に2のピューレを流し、その上に厚さを揃えてカットした4の肉と1の野菜を交互に盛りつける。
6 3の心臓はクロッカンテと大きさを揃えてカットし、クロッカンテと交互に並べる。
7 ヴィンコットとスーゴ・ディ・カルネを合わせたソースをかける。

猪すね肉の赤ワイン煮込み

猪は冬のイメージが強い肉なので、調理法も冬に多い煮込みにします。牛肉を赤ワインに漬け込んでそのまま煮込む料理でブラッサートがあることから、その猪版として、赤ワインに24時間漬け込んだ猪のすね肉を、ソフリットと一緒にとろとろになるまで煮込みました。大きな塊で煮て、オーダーが入ってからさばいていろいろな料理に使うようにすると便利です。つけ合せは、ポロねぎをコンフィのようにゆっくり炊いたピュレ、焼いたもの、揚げたものと、調理法で差を出して盛りつけました。

材料（仕込み量）

猪すね肉…2kg
赤ワイン…500g
ポートワイン（赤）…250g
玉ねぎ（みじん切り）…2個分
人参（みじん切り）…1/4本分
セロリ（みじん切り）…3本分
丁子…2本
ネズの実…3粒
にんにく…1片
薄力粉…適量

ポロねぎ…1本
バター…5g
ブロード・ディ・ポッロ…適量

塩・胡椒…適量

作り方

1 猪すね肉は、赤ワインで一日漬けこむ。
2 翌日、1をザルに取り、塩、胡椒で下味をする。肉を漬けたワインは取っておく。
3 2の肉は薄力粉をまぶし、オイルを熱したフライパンで表面に焼き色をつける。
4 オイルを熱した鍋に、玉ねぎ、人参、セロリを、にんにくを入れて炒め、ソフリットを作る。
5 4に3を入れ、2で取っておいた赤ワイン、ポートワイン、丁子、ネズの実を加え、180℃のオーブンで2時間煮込む。
6 ポロねぎは3等分し、上1/3は、下茹でし、素揚げする。
7 ポロねぎの下1/3は、バター、塩、白胡椒、ブロードで炊いてミキサーで回し、ピュレにする。
8 ポロねぎの真ん中1/3は、2cm厚さほどの輪切りにし、160℃のオーブンでゆっくりとローストする。
9 器に5を盛りつけ、7のピュレを流し、その上に6と8をのせる。

肉料理

Vendure

野菜料理

野菜料理：海外の野菜、国産野菜、季節の地の野菜を使い分ける

野菜の美味しさも魅力のイタリア料理

イタリアにはDOP認定を受けている質の高い野菜も多く、主役として使っても脇役に回しても魅力を感じさせます。イタリア料理は、地のものを上手に使って美味しく楽しむのが真髄ですので、地元に名物野菜があるところには、野菜が主役の料理がたくさんあります。

日本でも、日本料理では炊き合わせに代表されるように野菜が主役の料理はたくさんありますが、洋風料理の中での野菜の位置づけはというと、魚や肉と比較して、どうしても脇役のイメージが強いもの。特に日持ちしないものが多いこともあって、種類も入手しやすい、一般に流通している野菜ですませてしまいがちです。

しかし、イタリア料理は野菜も美味しいことも魅力の一つですので、野菜の料理にも力を入れたいものです。力を入れない店が多いなら、この点だけでも魅力の差につながるからです。

季節の野菜は、生産者から直接仕入れて使う

ちなみに私の店では、通常使用するものは、極力、国産の野菜を使うようにしています。ただし、ホワイトやグリーンのアスパラ、イタリア野菜については海

外からの質の高いものを使っています。これは、土地の関係からか味が濃厚だからです。国産にも質の高いものが出回り始めていますが、土地が由来の味わいは、残念ながら国産ではなかなか出せないことが多いからです。

　季節のものは、京都や私の地元の茨城の生産者と契約して、店側から種類の要望は出さず、そのときにできたものを直接送ってもらっています。この方法だと、思わぬものが届いたりして、料理を考える際のイマジネーションが広がります。

　東京では築地に行けば、通常のものから季節のものまで、何でも揃っていて便利ですが、ものがあまりにも多すぎて季節感が見えづらいと私は感じます。そこで、季節のものは地方から直接仕入れ、届いた物を見て彩りなどのバランスを考え、足りないものを築地から仕入れるようにしています。

各地の地の野菜を知るには、地方出張などを機会に

　特に夏場は、イタリア料理ではなすをよく使いますので、なすは複数の産地のものを使います。たとえば、京都の賀茂なす、愛媛の絹かわなす、九州の長なす。泉州の水なすも使うこともあり、これは塩、胡椒とオリーブオイルで出しています。

　こうした素材は、店にいてアンテナを張っていても、なかなか入ってこないもの。私は講習会やフェアなどで、けっこう地方出張が多いので、その時に農家を訪れたり地元のかたから紹介していただいたりして、その時の出会いを大切にします。

　遠方での講習会となると、その間、店を空けなければならず、準備に時間がかかったり、体力的にも厳しいこともあったりしますが、地方の食材との出会いの場というメリットもあると思っています。

　特に、近年は各地で代替わりを機に、若い生産者が地元の利を活かした野菜づくりにチャレンジする人が増えています。伝統野菜や新しい西洋野菜に取り組む生産者も増えています。しかし、生産者には使い方までは分かりません。だから、新しい付加価値を見つけてくれるシェフを求めています。

目が向かなかった山菜も、これからは取り入れていく

　ところで、野菜の中でもあまり使われないものがあります。山菜です。

　山菜は、独特の苦みがあることから、イタリア料理には使いづらいといわれています。アク抜きはもちろん、種類によっては揚げたりしなければならず、火の通し方が違うので、扱いが面倒ともいえる素材です。

　しかしその反面、日本のお客様には季節感を感じさせやすい素材でもあります。特に年配のお客様には、山菜の持つほろ苦さに、新しい季節の到来を感じ、喜ばれるかたが多くいらっしゃいます。

　山菜が持つ苦みには、ちょっとした甘みを加えると料理として成立します。私はリゾットにしたり、サラダの素材としたりして使うことが多いのですが、それ以外にも春の素材と合わせて料理にできます。

　日本料理の素材としては馴染み深くても、なかなか目が向かなかった山菜。こうした素材を取り入れてみることで、イタリアでは味わえない、日本独自のイタリア料理に進化していくのです。

春

白アスパラと山菜のサラダ

日本と西洋の春の野菜を、その持ち味を活かしてシンプルなサラダに仕立てました。山菜は、昆布だしにドライトマトのうま味と塩けを煮出した中で火を通し、イタリアの香りのする"お浸し"のような感覚に仕上げます。仕上げにビネガーとオイルをかけるので、この時点でドライトマトの塩けと昆布のうま味をしっかりと味を含ませるのがポイントです。仕上げに使ったマルトデキストリンは、スポーツサプリメントにも使われる素材で、吸湿性が高く、オイルと合わせてもサラサラの粉末になります。

材料

白アスパラ…1本

タラの芽…3本
こごみ…3本
行者にんにく…3本
カンゾウ…3本
コシアブラ…3本
ドライトマト（みじん切り）…5g
昆布だし…適量
塩…適量

パルミジャーノ（スライス）…適量
E.X.V.オリーブオイル…10g
マルトデキストリン…30g

作り方

1. 白アスパラはスライスする。
2. 昆布だしにドライトマトを入れて加熱し、網で漉す。
3. 2にタラの芽、こごみ、行者にんにく、カンゾウ、コシアブラを入れて炊き、塩で味を調え、汁ごと冷ます【写A】。
4. 器に1と3を盛りつけ、パルミジャーノをのせ、オリーブオイルとマルトを混ぜ合わせたパウダーを飾る。

昆布だしに、刻んだドライトマトを入れて煮出す。これで山菜に火を通すことで、和の素材アにイタリアの香りをまとわせる。ドライトマトは口に当たらないように、煮出した後は漉し取り、煮汁で山菜を煮る。

春

白アスパラのグリル
スペック添え

ヨーロッパで、春を代表する野菜の白アスパラ。イタリアはもちろんのこと、白アスパラの料理は、西はスペインから東はドイツ、ポーランド辺りまで見られます。イタリアでも、ヴェネツィアのバッサーノ・デル・グラッパで作られる白アスパラは、EU内でただ一品のDOP認定品。茹でたものはそのままで前菜として出されますし、リゾットに使われたりもします。特に卵との相性が良く、茹で玉子、半熟玉子などを添えて食べています。ここでは、ソースとつけ合わせに卵を使いました。燻香のあるスペックも添え、一緒にたのしませます。

材料

白アスパラ…1本
鶉の卵…1個

バゲット（クラム）…1/2本分
にんにく（半割り）…1個分
松の実…50g
E.X.V.オリーブオイル…200g
米酢…150cc
茹で玉子…2個
白ワインビネガー…250cc
パルミジャーノ（すりおろし）…50g
塩・白胡椒…各適量

スペック…5枚
黒胡椒…適量

作り方

1 鶉の卵は、沸騰した酢水で2分茹で、半熟玉子を作っておく。
2 ソースを作る。バゲットは米酢に浸し柔らかくしておく。
3 にんにく、松の実、オリーブオイル、塩、白胡椒をミキサーに入れしっかりと回す。
4 3に2のバゲット、茹で玉子、白ワインビネガー、パルミジャーノの順に加えて回す。
5 白アスパラは、根元に近い部分の皮をむき、切った皮を入れて沸騰させた湯で茹でる。
6 火が通ったら取り出し、グリルパンでグリルする。
7 6はカットし、4のソースを流した器に盛りつける。1を添え、黒胡椒をふる。

夏 モッツァレラとトマトのスープ

モッツァレラ、トマトとバジル。使う素材としてはカプレーゼですが、それをスープにしてグラスに盛りつけた、見た目にもきれいで清涼感のある前菜です。モッツァレラをスープ状にする。固まる温度がある。その温度をキープしながら加熱すると溶ける。シャンタナは増粘剤の一つで、寒天などと異なり、熱を加えても粘度が落ちないので使っています。

材料（3個分）

モッツァレラのスープ（下記参照）…45g
トマトのジュレ（下記参照）…15g
バジルオイル（下記参照）…適量

●モッツァレラのスープ
モッツァレラ…550g
牛乳…560g
塩…5g
シャンタナ…3g

トマトのジュレ
トマト…200g
塩…2g
シャンタナ…5g

バジルオイル
バジル…適量
E.X.V.オリーブオイル…適量

作り方

1 モッツァレラのスープ、トマトのジュレ、バジルオイルは、別々にミキサーにかける。
2 器に、トマトのジュレ、モッツァレラのスープの順に入れ、バジルオイルを流す。

ミネストローネビアンコ

従来のイメージとは全く異なる、透明なミネストローネです。色合いも美しく、見た目の清涼感もあって、夏にぴったりの一品です。スープは透明でも、ひと口食べてみるとトマトの風味。見た目にも味わいでも意表をつく楽しい料理です。トマトは、果肉をミキサーで回してペーパーフィルターなどでろ過することで、透明に仕上げます。寒天などから作る凝固剤を加えてゆるく固めることで、喉越しも楽しませます。他の野菜類も生に近い食感にさっと茹でるだだけにしていますので、野菜を食べる冷たいスープとなっています。

材料(仕込み量)

- トマト…10個
- 塩…適量
- エースアガー…適量

- ズッキーニ…1/4本
- 赤パプリカ…1/4個
- 黄パプリカ…1/4個
- オクラ…1本

- 胡椒…適量

作り方

1. トマトをミキサーで回し、コーヒー用のペーパーフィルターなどに入れ、一日かけゆっくりと漉す。
2. 塩で1の味を調え、エースアガーを加えて溶かし、濃度をつける。
3. ズッキーニ、赤パプリカ、黄パプリカ、オクラは、それぞれひし形にカットし、さっと茹でる。
4. 2に3を加え、器に流す。胡椒をふりかける。

柚子のジュレをまとった夏野菜のグリル

夏

真夏や残暑の時期、バテ気味で食欲が落ちても、野菜をしっかりと摂りたいという人のために出しているサラダです。ししとう、オクラといった夏のものをメインに、野菜は10種類ほど。生よりは胃にやさしいようにと、それぞれグリルして盛りあわせます。ソースがポイントで、柚子の絞り汁を使ってさっぱりと仕上げます。寒天に似た、植物性のアガーを加えて柚子のジュレを作り、野菜とからめます。熱々の野菜と合わさることで、ジュレがソース状になり、野菜とよく馴染みます。

材料

黄ズッキーニ…1/4個
緑ズッキーニ…1/4個
黄パプリカ…1/8個
赤パプリカ…1/8個
みょうが…1個
万願寺唐辛子…1本
ししとう…1本
オクラ…1本
かぼちゃ…1/6個
枝豆…2個
ヤングコーン…1本
もろきゅうり…1本

●柚子ジュレ
柚子の絞り汁…100g
E.X.V.オリーブオイル…30g
コルニッション(せん切り)…15g
にんにく(半割り)…1個分
アガー…4g
塩…適量

作り方

1 野菜類は、それぞれグリルする。
2 柚子ジュレを作る。柚子の絞り汁、オリーブオイル、塩、コルニッション、にんにく、アガーを鍋に入れ、ビーターで混ぜながら火にかける。
3 アガーが完全に溶けたら、網で漉してボールに移し、氷水をあてて急冷する。
4 1を彩りよく器に盛りつけ、3をかける。

野菜の豆乳クリームチーズ和え タルタル仕立て

夏

豆乳はヘルシーイメージで、女性に人気の食材。ただ、本格的なイタリア料理に使うイメージはあまりありません。そうした中でも、豆乳で作るチーズのような新しい素材がありますので、それを組み合わせて野菜料理を作っています。低脂肪の豆乳を使った発酵食品ということで、豆臭くなく、食感は何も言われなければチーズです。植物性の良質たんぱくで、体にもいい。店ではアミューズや、前菜盛り合わせの一品にしています。

材料

大豆舞珠（ブロック）…15g
大豆舞珠（クリーム）…80g
ズッキーニ…30g
赤パプリカ…20g
黄パプリカ…20g
銀杏…4粒
長芋…20g
ごぼう…20g
れんこん…20g
エシャロット（みじん切り）‥10g
赤ワインビネガー…5g
胡椒…適量
パセリオイル（パセリとE.X.V.オリーブオイルをミキサーで回したもの…適量

作り方

1　ズッキーニ、赤・黄パプリカは1.5cm角に切り、銀杏とともに下茹でをする。
2　大豆舞珠のブロックは、1.5cm角に切った後、オリーブオイル、黒胡椒でマリネする。
3　1、2、エシャロット、赤ワインビネガー、大豆舞珠（クリーム）を合わせ、盛りつける。
4　ごぼう、れんこん、長芋を素揚げし、飾る。胡椒をふり、パセリオイルを流す。

夏 グリル野菜のチーズ焼き ミルフィーユ仕立て

夏野菜にボロネーゼを間に挟んで重ね、ミルフィーユ仕立てにした簡単な前菜です。仕上げにモッツァレラをのせてオーブンで焼き上げることで、さらにコクをプラスします。野菜類は、生だと加熱調理で水分が出て、仕上がりがべちゃっとしてしまいますので、グリルして水分を飛ばしたものを使います。彩りもきれいですし、野菜類を準備しておけば手間がかからず、すぐに出せる便利な一品です。

材料

緑ズッキーニ（スライス）…2枚
黄ズッキーニ（スライス）…2枚
なす（スライス）…2枚
モッツァレラ…1個
ボロネーゼ…20g
フルーツトマト…1個

トマトソース…100g
アンチョビ…10g
タイム…5g

イタリアンパセリ…適量

作り方

1 緑ズッキーニ、なす、フルーツトマトのスライス、黄ズッキーニの順にボロネーゼをはさみながら重ねる。
2 一番上にモッツァレラチーズのスライスをのせ、オーブンで焼く。
3 ソースを作る。トマトソース、アンチョビ、タイムを鍋に入れ、沸いたら裏ごしする。
4 皿に2をしき、1をのせる。イタリアンパセリを飾る。

カゴメの「冷凍イタリアングリル野菜」を使うと便利。イタリア現地でグリルし、30〜40％水分を飛ばしたうえで冷凍しているため、ドリップが少なく味も濃厚。

野菜料理

秋 ポルチーニのロースト

ポルチーニは、それ自体は有名な素材でも、実際には日本人にはあまり馴染がない食材。日本で最も馴染のある茸に椎茸がありますが、ポルチーニは椎茸ほど風味が出にくいもの。通常イメージしているポルチーニほど、フレッシュのポルチーニには風味が出ないので、ソースにポルチーニを使い、さらに乾燥ポルチーニの粉もふって風味を高めることで、料理として食べた時に、ポルチーニを食べた満足感を高めました。ポルチーニのソースでポルチーニを食べる感覚です。なおポルチーニは、ソースには傘が開いたものを使うようにします。

材料

ポルチーニ…2本

マジョラム…適量
エシャロット（スライス）…10g
バター…適量
コルニッション…1本

スーゴ・ディ・カルネ…適量
ルッコラ…適量
バルサミコ酢…適量
乾燥ポルチーニ（粉末）…適量
パルミジャーノ（スライス）…適量

作り方

1 ポルチーニのうち1本は、半割りにし、マジョラムとともにローストする。
2 残りのポルチーニ1本でソースを作る。オイルを熱したフライパンでエシャロットとともにソテーし、味を調える。
3 2はロボクープで回し、バターと5mm角に切ったコルニッションを加えソースにする。
4 皿に3のソースをしき、1を盛る。スーゴ・ディ・カルネ、マジョラムのフリット、バルサミコ酢で味付けをしたルッコラ、パルミジャーノ、乾燥ポルチーニの粉末で盛りつける。

野菜料理

野菜のグリル　生ハム添え

季節の野菜をグリルして、生ハムの塩けで食べるシンプルな一品です。野菜がたくさん摂れるということで、グランドメニューでも人気の高い料理です。イタリアではグリル野菜は、炭火で真っ黒になるまで焼いたりしますが、私は苦いと思うので、そこまで加熱しません。焼いたときの香りが、焼き野菜のイメージなので、あえて黒くなるまで焼く必要がないのではないかと思います。グリルは野菜類のうま味、美味しさを引き立たせるための調理と考え、火を通すのは下茹でとグリル後に、ブロードでさっと蒸す感覚で加熱することで行います。

材料

小蕪…1/2個
れんこん…1/2個
ブロッコリー…1/6株
カリフラワー…1/6株
黄人参…1/2本
紫人参…1/2本
姫人参…1本
スナップえんどう…1個
ごぼう…約12cm
亀田大根…1/2本
芽きゃべつ…1個

ブロード・ディ・ポッロ…120cc
E.X.V.オリーブオイル…20g

生ハム（スライス）…2枚
黒胡椒（粗挽き）…適量
E.X.V.オリーブオイル…適量

作り方

1 野菜類は下茹でし、グリルする。
2 1をブロード・ディ・ポッロで炊き、塩、オリーブオイルで味を調える。
3 皿に盛りつけ、生ハムをのせる
4 黒胡椒をちらし、オリーブオイルをふる。

酒粕入りバーニャカウダ

冬

多種類の野菜が楽しめるバーニャカウダは、女性人気の高い料理です。伝統的にはソースをオリーブオイルベースで作るこの料理は、近年、乳製品を合わせる店も多くなりました。そこで、ひとひねりしてソースに酒粕を使いました。酒粕は発酵食品ですので、そのまま酒粕と思わず、チーズやヨーグルトのような発酵食品と捉えて使ったものです。元々、アンチョヴィとにんにくに、発酵食品を加えると、味に丸みが出ることは分かっていましたので、乳製品以外の発酵食品を使うことで個性を出しました。使ったのは、酒粕に乳酸菌を入れてさらに発酵を安定させたこのです。強い酒粕の風味はなく、不思議なソースになりますので、店ではアミューズで出したりしています。

材料（仕込み量）

にんにく…100g
アンチョヴィ…50g
E.X.V.オリーブオイル…適量
酒粕…適量

チコリ、芽きゃべつ、金時人参、金美人参、ロマネスコ、プチヴェール

ミニ大根、紅しぐれ、ぐるぐるビーツ、紅芯大根、黄カリフラワー、蓮根

チリメンキャベツ、アスパラ、ブロッコリー、ラディッシュ、カラス大根、オレンジビーツ

丸大根、カーボロネロ、カリフラワー、京葱、パースレルート

作り方

1. 野菜類は、それぞれ下茹でをしておく。
2. ソースを作る。にんにくは半割りにし、鍋に入れてしっかり浸るくらいのオリーブオイルを注ぎ、弱火で2時間火を入れる。
3. 一度オリーブオイルを捨て、火を入れたにんにくは新しいオリーブオイルとアンチョヴィとともにミキサーに入れ、しっかり乳化するまで撹拌する。
4. 3と酒粕を1：1の分量で合わせてソースとする。
5. 器に1の野菜類盛り付け、4のソースを別容器で添える。

イベントで出会った食材で、酒粕に、乳酸菌を入れてさらに発酵を安定させた製品。新潟の「菊水」の蔵元で作られている。

"日本で一番選ばれている"
それがバリラの誇りです。

季節感、彩り、風味、歯ざわり、食感、喉越し、味のハーモニー。
複雑な要素を丁寧に組み合わせる日本人イタリアン・シェフの技術は、
世界最高峰にあります。
日本のトップシェフに選ばれ、日本で一番使われている
イタリアンパスタ・ブランド、それがバリラの誇りです。

アルデンテの食感こそが、乾麺ならではのパスタの美味しさです。
調理技術を世界に認められた日本のシェフから
"バリラは、いつでもアルデンテが安定しているから"と
評価いただいています。
バリラは、感謝の気持ちを品質でお返しいたします。

 日本製粉株式会社　〒102-0083 東京都千代田区麹町四丁目8番地　Tel.(03)3511-5345　http://www.nippn.co.jp

Pasta Risotto

パスタ リゾット

パスタ・リゾット：評判を左右する重要な料理。郷土料理や季節感をベースに

イタリア料理店としての専門性や魅力が重要

イタリア料理において、今日でも大きな魅力を占めるのが、プリモピアットのパスタです。

日本にイタリア料理が定着した今日でも、「イタリア料理＝パスタ」という意識の人は圧倒的に多く、ピッツェリアやバールでさえパスタが不可欠。カフェや他の業種でもパスタを出す店が多いことから、イタリア料理店ならなおさら、という意識も強いのだと思います。さらに、日本人は元々が麺好きということも相まって、パスタの魅力は依然として店の評価に大きな影響を及ぼす重要なジャンルです。

メニューとしては、かつてはボンゴレやボロネーゼ、カルボナーラといったパスタが人気を集め、どの店にも欠かせない定番となりました。しかし今日のように、イタリア料理店がどの町にもある日本の現状では、それだけではお客様が満足しなくなっています。

かつての定番は、今でも確かに美味しいのですが、それで満足しないのは、"古い" "どこでも食べられる" イメージもあるからです。

海外旅行を通じてイタリアが身近になった今日だけに、たとえばイタリア各地の地元に根差した郷土料理をベースにした、その場所や歴史のストーリーをイメージできるパスタ、日本らしく季節感を感じさせるパスタなど、イタリア料理店としての専門性が、これからもっと求められると思います。

乾麺と手打ち麺。
個性とお客の嗜好を考えて構成

　パスタを考える際に問題になるのが、手打ち麺と乾麺です。

　乾麺には、食感の良さや馴染みがあることなどが利点として挙げられます。それに対し、客単価の高い店なら、やはり手間をかけた手打ち麺を出したいと考えるもの。料理性の高さを考えると、乾麺よりも手打ち麺の方が表現しやすいからです。しかしその反面、お客様には乾麺のシコシコとした食感を好むかたも多いもの。それで大いに悩まれているシェフも多いようです。

　実は、私も店をオープンした当時は、乾麺を使わず手打ちのパスタをメインに出していました。そして、やはり乾麺はお客のニーズが多かったことから、悩みました。しかしその結果として、店はお客様にどれだけ満足してもらうかが一番大事で、出したい料理をお客様が美味しいと思ってもらわないと意味がない、と考えるようになりました。

　それで現在では、私の店では乾麺は70～80％、手打ちは20～30％という割合にしています。その代わり手打ち麺は、手打ちならではの食感、乾麺にない個性を良さを活かしています。たとえば、いろいろな詰め物をしたラビオリや、生地に野菜のペーストなどを練り込んだものなど、乾麺にはないものを出すようにしました。

　また、コースではパスタを2種類出すようにし、その中で、プリモピアットを乾麺と手打ち麺を1品ずつにしたりといった工夫をするようにもなりました。その場合、パスタだけでお腹一杯にならないようボリュームに注意したり、味の構成を年輩のお客様と若いかたでは変えたりするなど、より満足感を高める配慮もしています。

馴染の薄いニョッキ・リゾットは、食べやすく作る

　プリモピアットで出す料理として、パスタ以外にはニョッキとリゾットもあります。

　ニョッキは紙数の関係で、今回はご紹介できませんでしたが、興味深い料理です。ただ、もっちりした独特の食感とボリューム感から、あまり人気がないのが現状です。

　私の店では、口溶けを良くしてリピーターを掴んでいます。イタリアと同じレシピで作ると、どうしても重くなってしまいますので、粉と卵を極力減らして作るのがポイントです。

　リゾットは、私はイタリア米は使わず、あえて日本の米を使って、アルデンテに感じるように出しています。

　これは、アルデンテにするとイタリア米の芯の部分が日本人にとっては違和感を強く感じるからです。今日、パスタのアルデンテに「茹で足りない」という人はいませんが、米は日本人が主食として古くから親しんできた食べ物だけに、違和感から美味しく楽しめないということなのです。

　どちらも、日本人の味覚で食べて美味しいと感じないと意味がありません。ニョッキやリゾットは、プリモピアットとして日本に紹介されてまだ時間が経っていません。そうした食べ馴れない料理の場合は、食べやすくすることも重要です。

ガルガネッリ
フレッシュトマトソース

春

レストランとして、手間をかけた手打ちパスタにも力を入れています。ガルガネッリはエミリア・ロマーニャ州で生まれたパスタ。表面の筋にソースがよくからむほか、生地の重なった部分と重なっていない部分との食感の差が楽しめます。ここでは、トマトソースを使ったシンプルな一品に仕上げました。ただ、シンプルにトマトソースだけを使うのではなく、フレッシュトマトも合わせて用いることで、酸味を足すのが現代的なトマトソースの味わいです。

材料

ガルガネッリ（下記参照）…30g

トマトソース（14ページ参照）…30g
ミニトマト…8個
にんにく…適量
フルーツトマト…1個
塩・胡椒…各適量
E.X.V.オリーブオイル…適量
バジリコ…適量

作り方

1 トマトソースは、裏漉ししておく。身にトマトは湯むきして半割りにしておく。
2 にんにく、オリーブオイルを火にかけ、色がついたら1のミニトマトとトマトソースを加えて軽く煮込む。
3 ガルガネッリは、塩分濃度1%の湯でボイルする。
4 ガルガネッリが茹で上がったら水けをきり、2に入れて塩で味を整える。
5 器に4を盛りつけ、オリーブオイル、胡椒でマリネしたフルーツトマトをのせ、バジリコの角切りにして飾る。

ガルガネッリ

■材料（仕込み量）
00粉…120g
卵…1個
パルミジャーノ（すりおろし）…5g
ナツメグ…適量

■作り方
1 ボールに材料をすべて入れて、混ぜ合わせる。粉けがなくなったら、ひとまとめにしてラップで包み、冷蔵庫で15分休ませる【写A】。
2 寝かせた生地は、パスタマシンで0.5mmほどにのばす【写B】。
3 2の生地は4～4.5cm角にカットする。
4 生地をペッティネの筋に対してひし形になるように置き、棒で巻き取るようにして転がす。巻き終わりを留めてガルガネッリとする【写C】。

卵の水分を粉に吸収させる。少しずつ粉と混ぜ合わせ、ボロボロの状態になったら、ひとまとめにする。

寝かせた生地は、手で平たくしてパスタマシンに入れ、数回かけて少しずつ薄くしていく。

巻く際にはきつくせず、ふわっと巻くことで、手打ちパスタらしい食感を表現することができる。

春 オレキエッテ
菜の花と子持ちヤリイカのソース

プーリア州では、野菜をくたくたに煮たものをオレキエッテに合わせた料理があります。その料理と、トスカーナ州で食べられているイカとほうれん草のトマト煮込みのインジミーノを融合させて春らしさを感じさせる一品に仕上げました。野菜をくたくたに煮込む現地の料理では、乾燥トマトで味つけするがところを、ここではカラスミで塩けを補いました。イカは子持ちのヤリイカを使い、うま味を引き出すために日本酒を少し足した湯で火を通します。

材料

オレキエッテ…80g

菜の花…5本
子持ちヤリイカ…1杯
にんにく（スライス）…1片分
アンチョビ…1本
E.X.V.オリーブオイル…適量
塩…適量
カラスミ（パウダー）…適量

カラスミ（スライス）…10g

作り方

1 菜の花は下茹でをして、1cm長さにカットしておく。
2 子持ちヤリイカは、軟骨を抜き、目とクチバシとゲソを切り取り、皮をむいて筒切りにする。
3 2のヤリイカは、日本酒にお湯を足して70℃に温めたものに入れて火を通す。
4 沸騰した湯に1%の塩を入れ、オレキエッテを茹でる。
5 フライパンににんにくとオリーブオイルを入れて火にかけ、少し沸いたところでアンチョビ、1の菜の花、3の子持ちヤリイカを加える。
6 オレキエッテが茹で上がったら、水けをきってフライパンに入れ、ソースと和える。
7 仕上げにカラスミのパウダーを加え、しっかりと混ぜる。
8 器に盛りつけ、スライスのカラスミを両面軽く焼き色を付けて上に飾る。

パスタ・リゾット 143

🟠春

スパゲッティ
小ハマグリと青唐辛子のボンゴレ

二枚貝のパスタとしては、アサリを使ったボンゴレが有名ですが、私はハマグリを使うことで、春を感じさせるパスタとして出しています。アサリを使う場合はバターが合うのですが、ハマグリはより淡白で上品なだしが特徴ですので、オリーブオイルの方が合います。また唐辛子も、刺激の強いペペロンチーノ・ピッコロよりは、青唐辛子を使っています。青っぽい味で辛みもおだやかです。ハマグリのだしの味わいを強調するために、パスタはだしの中で煮込み、ソースも煮詰めて味わいを深めてかけるようにします。

材料

スパゲティ…80g

小ハマグリ…12個
にんにく…1片
青唐辛子…1/4本
イタリアンパセリ…1枝
E.X.V.オリーブオイル…
　適量
白ワイン…適量
塩…適量

作り方

1. ハマグリは砂出ししておく。
2. 沸騰した湯に1%の塩を入れ、スパゲティを茹でる。
3. フライパンににんにく、オリーブオイルを入れて火にかけてオイルににんにくの香りを移すようにゆっくりと加熱する【写A】。
4. 別のフライパンに小ハマグリと白ワインを入れて蓋をし、強火にかける。
5. ハマグリの口が開いたら、すぐに取り出し、3のフライパンに入れる【写B】。
6. 5の煮汁はそのまま加熱し、アクを取り除く。6の煮汁は5のフライパンに入れる【写C】。
7. ソースを乳化させたら、イタリアンパセリ、青唐辛子を加える。
8. 2のパスタをアルデンテよりやや固めの状態で引き上げ、水けをきって7のフライパンに加え、ソースとよく和えて乳化させる【写D】。
9. パスタとハマグリを器に盛りつける。
10. フライパンに残ったソースはさらに煮詰め、9にかける【写E】。

にんにくは丸のままオイルに入れ、加熱する。にんにくの香りが強いと、ハマグリの繊細な風味が負けてしまうため、にんにくは切らずに加熱し、まろやかな香りを老いるに移す。

ハマグリは火が入りすぎると硬くなるので、殻が開いたらすぐに取り出す。

煮汁にはハマグリのだしが出ている。エグ味もあるので、アクを取り除いてから用いる。

パスタは、乳化したソースの中で煮込み、味を染み込ませるので、アルデンテよりかなり手前の硬さで引き上げ、フライパンで煮込む感覚。アルデンテになったら、盛りつける。

フライパンの煮汁は、さらに煮詰めて味を仕上げてからパスタにかける。この仕上げで、パスタ、ハマグリとソースの一体感が生まれる。

春 タリアテッレ
空豆とサワークリームのソース

イタリアで、春といえば空豆。ローマでは5月1日になると空豆を生でかじりながら、ペコリーノ・ロマーノを食べる人たちを見かけます。トスカーナも同様に、生の空豆とペコリーノ・トスカーノ。空豆は、塩けのあるチーズが合います。それをパスタに応用した料理です。ペコリーノと生ハムの熟成感のある塩けを活かし、さらにサワークリームで春っぽく酸味を加えました。

材料

タリアテッレ…40g

空豆…50g
エシャロット（みじん切り）…10g
生ハム（スライス）…2枚
ブロード・ディ・ポッロ…90cc
バター…適量
生クリーム…30g
サワークリーム…30g
塩…適量
ペコリーノ・トスカーノ（すりおろし）…15g

黒胡椒…適量

作り方

1. 生ハムは、1枚をみじん切りにし、残りの1枚はオーブンで焼いてクロッカンテにしておく。
2. フライパンでバターを熱し、エシャロットを入れてソテーしたら、空豆とブロードを加える。
3. 煮詰まってきたら、生クリーム、1のみじん切りの生ハム、サワークリームを入れ、さらに煮詰める。
4. 沸騰した湯に1%の塩を入れ、タリアテッレを茹でる。
5. タリアテッレが茹で上がったら、水けをきって3のフライパンに入れ、ソースをからめ、ペコリーノで仕上げる。
6. 空豆を少し残してパスタを盛りつけ、1の生ハムのクロッカンテを添える。残した空豆は、削ったペコリーノ（分量外）とともにパスタの横に添え、黒胡椒をふる。

春 カルチョッフィのラザニェッティ

カルチョッフィは、今でも日本では馴染みが薄いのですが、イタリアでは非常のポピュラーな食材。春先は、生で食べたりもします。そのカルチョッフィの風味を楽しませるために、小さめのラザニェッティを作りました。見た目には地味ですが、手間のかかる料理です。カルチョッフィは、空気に触れると黒ずみますので。掃除をしてエシャロットとともにソテーしてピューレに、もう一つは素揚げにと、二つの調理法で楽しめます。

材料

パスタ生地（下記参照）…5cm×5cm 3枚

カルチョッフィ…3個
パルミジャーノ…12g
バター…適量
エシャロット…適量
スーゴ・ディ・カルネ…適量

●パスタ生地（仕込み量）
強力粉…260g
卵黄…170g
卵白…32g
塩…2g
E.X.V.オリーブオイル…6g

作り方

1. パスタ生地を作る。ボールに材料をすべて入れ、混ぜてひとまとめにしたら、ラップに包んで冷蔵庫で最低1時間は休ませる。
2. ラザニェッティ生地を作る。1の生地は、手で平らにしてから、パスタマシンでのばす1.2～1.5mm厚さにしたら、1辺5cmの正方形にカットし、ラザニェッティとする。
3. 2の生地は、塩分濃度1%の湯でボイルする。
4. カルチョッフィは下処理をして、1つは素揚げにし、あと1つはバター、エシャロットとソテーしてミキサーで回しピューレにする。
5. 茹で上げたラザニェッティは水けを拭き取り、皿にのせる。その上に、パルミジャーノ、4のピューレの順で2段に重ね、一番上にラザニェッティ生地をのせたら、パルミジャーノをふり、表面を軽く炙る。4の素揚げしたカルチョッフィを飾る。スーゴ・ディ・カルネを流す。

春 ホタルイカとふきのとうのリゾット

ふきのとうは、山菜の中でも、特に独特の香りと苦みで春をイメージしやすい素材です。そこでその個性を活かし、やはり春の気分を味わえるホタルイカとともに、リゾットに仕上げました。ともに和のイメージが強い素材ですから、パスタよりは米の方が合わせやすいからです。ふきのとうの苦みは、イタリア料理として扱うには強いので、何度か茹でこぼしてからコンフィにし、ペースト状にすることで、苦みを和らげます。

材料

ふきのとう…1個
ホタルイカ…5杯

米…50g
バター…5g
エシャロット…10g
E.X.V.オリーブオイル…適量
塩…適量
パルミジャーノ…適量

ブロード・ディ・ペッシニ…適量

作り方

1. ふきのとうは、ガクを外してやわらかい部分を取り出す。ガクは素揚げにする。
2. 1で取り出したやわらかい部分は、ブロードとともに煮て火を通し、水けをきってオリーブオイルと合わせてミキサーで回し、ペーストにする。
3. リゾットを炊く。フライパンにバターを熱してエシャロットを炒め、米を加えて透明になるまで炒めたら、ブロードを加えて炊く。
4. ホタルイカを加えて合わせ、パルミジャーノを加えて混ぜ合わせる。オリーブオイル、ふきのとうのペーストを加え、塩で味を調えて仕上げる。
5. 器に盛りつけ、1のガクの素揚げを飾る。

青唐辛子とあさつきの
ペペロンチーノ

夏

私が修業した「クチーナ・ヒラタ」の平田シェフのスペシャリテで、平田シェフの下で修業して独立したグループ店は、全店で継承して出しているパスタです。アーリオ・オーリオ・エ・ペペロンチーノの和の食材版で、辛さが後を引かないのが特徴。塩、唐辛子、オイルだけのシンプルな一品で、食べて美味しく作るには、タイミングがポイント。にんにくと青唐辛子はパスタが茹で上がる直前まで火にかけないことで、それぞれの穏やかな風味をオイルにまとわせます。

材料

スパゲッティ…80g

にんにく（半割り）…1片分
青唐辛子（スライス）…1本分
あさつき（小口切り）…1/2束分
E.X.V.オリーブオイル…適量
塩…適量

作り方

1 スパゲッティは、塩分濃度1%の湯でボイルする。
2 冷たいフライパンに、青唐辛子、あさつき、にんにく、オリーブオイルを入れる。
3 パスタがアルデンテに茹で上がる直前に、フライパンを強火にかける。
4 茹で上がったパスタ、水けをきって3に入れて材料とからめる。
5 にんにくを取り出して塩で味を調え、器に盛りつける。

夏 リングイネフィーニ 稚鮎のコンフィ

近年では、春とともに稚鮎が出回りますが、一般には5月頃から梅雨前頃までの短い期間が稚鮎のシーズン。そのままでも骨まで食べられるやわらかな稚鮎をコンフィにして、パスタの具材として使いました。鮎独特の苦みを感じさせるソースは、日本人好みです。鮎は天然ものが珍重されますが、養殖ものは加熱しても腹が割れにくいので、この時期のコンフィ素材として重宝しています。ソースが個性的なので、パスタはリングイネフィーネを合わせました。

材料

リングイネフィーニ…60g

エシャロット（みじん切り）…10g
E.X.V.オリーブオイル…適量

ズッキーニ…1/2本

● 稚鮎のコンフィ
稚鮎…6尾
にんにく（半割）…1片分
タイム…1枚
塩…適量
E.X.V.オリーブオイル…適量

作り方

1 稚鮎のコンフィを作る。稚鮎は軽く塩をして10分ほど置き、出てきた水けを拭き取り、オリーブオイル、タイム、にんにく、塩とともにマリネする。水が出てきたら、吸水シートに挟んで30分置き、オリーブオイルでコンフィ（70℃ 3時間）にする。

2 1のうち、3尾をミキサーにかけペーストにする。残りの3尾はフライパンで焼く。

3 ズッキーニを桂剥きにして細切りにし、下茹でをした後、塩、オリーブオイルで味をつける。

4 塩分濃度1％の湯で、パスタをボイルする。

5 オリーブオイルにエシャロット、2のペーストの半量を加え、茹で上げたパスタと合わせて仕上げる。

6 2の残りのペーストを皿にしき、5を盛りつける。2の焼いた稚鮎と3を飾る。

夏 コンキリエ ヴィニャローラ

ヴィニャローラは、コーマを代表する料理。グリンピース、空豆、カルチョッフィなどをくたくたに煮たもので、家庭やトラットリアなどで初夏によく食べられています。素朴で美味しいのですが、くたくたに煮るので色が良くないのが唯一の欠点。特に日本では、色彩的な面も重視しますので、色を飛ばさないようにして煮上げます。食べやすさも出すため、コンキリエに詰めて盛りつけます。仕上げにパルミジャーノのソースをかけ、その塩けでほっこりとしたヴィニャローラの味わいを締めます。

材料

コンキリエ…3個

空豆…5房
グリーンピース…30g
カルチョフィ…1株
パンチェッタ…15g
エシャロット（スライス）…15g
ブロード・ディ・ポッコ…適量
バター…適量
パルミジャーノ…適量
生クリーム…適量
黒胡椒…適量

作り方

1 カルチョッフィは下処理をし、ブロードで茹でる。
2 パンチェッタは2mmの角切りにし、フライパンに入れて弱火にかける。
3 油がしっかりと出てきたら、エシャロット、さやから出した空豆、グリーンピース、1のカルチョフィを加える。
4 3にブロードを加え、煮詰まったら、バター、パルミジャーノで仕上げる。
5 塩分濃度1%の湯で、コンキリエをボイルする。
6 ソースを作る。生クリームを鍋で温め、沸騰したら生クリームと同量のパルミジャーノを加えて溶かす。
7 茹で上げたコンキリエは湯きりして皿に置き、中に詰めるように4を盛りつける。6のソースをかけ、仕上げに黒胡椒をかける。

夏 オレッキエッテ
絹かわなすのプリエーゼ

なすは、イタリアも日本でも夏をイメージさせる素材。特に日本では、各地でさまざまな形や味わいのなすが作られていて、料理に多彩な表現を加えることができます。この料理では、愛媛・西条の絹かわなすを使いました。大ぶりですが果肉はやわらかく、火の通し方で大変なめらかになります。このなすの甘みとトロみを、パスタをつなぐソースに使いました。上には揚げて乾燥させたなす。横になすのピューレ。ミキサーで回しオリーブオイルで乳化させたもの。夏場に美味しい、焼きなすのイメージのパスタです。

材料

オレッキエッテ…90g

絹かわなす…3個

アンチョビ（フィレ）…1枚
乾燥トマト…5g
E.X.V.オリーブオイル…適量
にんにく（半割り）…1片分
塩・胡椒…各適量

和パセリ…適量

作り方

1 なすは、1つを焼きなすにし、中身だけを取り出し、塩、オリーブオイルとミキサーにかけ、プレを作る。
2 なすの2つ目は、楊枝で全体にまんべんなく穴をあけた後、160℃の油で約30分揚げ、トロトロになった中身だけを取り出す。
3 残り1つのなすはスライスし、オリーブオイルをぬって乾燥させ、クロッカンテを作る。
4 塩分濃度1%の湯で、オレキエッテをボイルする。
5 フライパンににんにく、オリーブオイルを入れて火にかけ、色がついたら、アンチョビ、2、乾燥トマトを加え、茹で上げたオレキエッテをお湯きりして加える。
6 皿に1をしき、5を盛りつけ、3のクロッカンテ、和パセリを飾る。

夏 冷製トマトのカッペリーニ

カッペリーニを使ったトマトの冷製パスタは、日本生まれで日本の夏には欠かせない一品になっています。そこで盛りつけの表現方法に変化をつけました。みじん切りにしたトマトと調味料を和えて皿にしき、その上にカッペリーニを盛りつけます。トマトはすぐに離水しやすく、器の中でべちゃっとしてしまいますので、粉寒天が原料のゲル化素材を加え、時間をおいても離水しないようにしています。盛りつけたパスタはそれぞれひと口でつるっと食べられて、食欲の落ちる暑い季節でも楽しんでいただけると思います。

材料

カッペリーニ…30g
フルーツトマト…2個
塩…適量
プチドリップ（ゲル化剤）…2g
E.X.V.オリーブオイル…適量
バジリコ…適量

作り方

1 カッペリーニは、塩分濃度1％の湯でボイルする。
2 フルーフルーツトマトは湯むきし、種を取り、果肉だけを2mmの角切りにする。
3 塩で味を調え、プチドリップを加えてよく混ぜ合わせる。
4 3を皿に帯状にしく。
5 1のカッペリーニが茹で上がったら、冷水にとって締め、水けをよく絞ってボールに入れる。塩、オリーブオイルで味つけする。
6 4に3点に分けて盛りつける。バジリコを細切りにして飾る。オリーブオイルをかける。

夏 白イカの冷製カッペリーニ

蒸し暑い日本の夏には、パスタも細いカッペリーニを使った冷製が喜ばれます。そこで白イカはせん切りにして、パスタと組み合わせました。つるっとしたパスタの喉ごしに、ねっとりとした歯触りのイカが口の中で楽しめます。味つけは、ドライトマト、アンチョビ、ケッパーなどで作る、トラパーニあたりでよく使われる塩けのきいたペーストを用いました。さらに、シチリア産のグリーンオリーブも食べやすくカットして添え、アクセントにしました。

材料

カッペリーニ…60g

白イカ（胴のみ）…2杯分
ケッパー（酢漬け）…40g
セミドライトマト…40g
グリーンオリーブ…10個
E.X.V.オリーブオイル…適量
塩…適量

作り方

1. 白イカの胴は、表面の薄皮だけを残して掃除する。裏側から薄皮だけを残してきれいに掃除して、口に残らないようにする。
2. 1の白イカは、1.5mmの幅でそうめんのように切る。
3. グリーンオリーブは種を抜き、1.5mm角にアッシェしてオリーブオイルに浸しておく。
4. ミキサーにセミドライトマト、ケッパーを入れ、ペースト状にする。
5. 塩分濃度1%の湯で、カッペリーニを茹でる。
6. カッペリーニが茹で上がったら、氷で冷やし、水けをよく絞る。
7. 2のイカを加えて和え、塩で味を調える。
8. 器に盛り、上に3のグリーンオリーブをのせ、4のペーストを周りに添える。

夏 カサレッチェ メカジキのシラクーサ風

シラクーサ風はシチリアの定番料理として、いろいろなレシピがある中、これは地元シラクーサのシェフに教わった料理です。メカジキをアンチョビ味でトマト煮に仕込んでおき、油で揚げてオイルソースと合わせたパスタにからめます。このトマト煮では、メカジキはヒレの部分をパスタに使うと、贅沢な味わいの一品になります。ヒレを動かす筋肉の部位のため、コラーゲンが多くて味も良く、とろっとした食感が楽しめるからです。仕上げにウイキョウをたっぷりと飾ります。

材料

カサレッチェ…60g

にんにく…1片
E.X.V.オリーブオイル…適量
メカジキのシラクーサ風（下記参照）…120g
ウイキョウの葉と根…適量

● メカジキのシラクーサ風（仕込み量）
メカジキ…1kg
塩・胡椒…各適量
薄力粉…適量
玉ねぎ（スライス）…1個
にんにく（半割）…1片分
トマトホール缶…360cc
黒オリーブ…適量
緑オリーブ…適量
アンチョビ…適量
E.X.V.オリーブオイル…適量

作り方

1 メカジキのシラクーサ風を作る。メカジキは塩、胡椒で下味をつけ、薄力粉をまぶし、オリーブオイルを熱したフライパンで表面を焼く。
2 玉ねぎとにんにくを、オリーブオイルを熱した鍋でキツネ色になるまで炒める。
3 2に1とトマトホール、黒オリーブ、緑オリーブ、アンチョビを加えて煮詰める。
4 塩分濃度1%の湯で、カサレッチェをボイルする。
5 別のフライパンににんにく、オリーブオイルを入れ、ゆっくり火にかける。色がついたら、3のソースを加え、茹で上げたカサレッチェを湯きりして入れて仕上げる。
6 器に盛りつけ、ウイキョウの葉と根をスライスして飾る。

夏 リングイネ
ジェノベーゼリコッタとケッカのせ

爽やかな香りのペスト・ジェノベーゼは、夏場に人気のソース。作って2〜3日置くと、にんにくの香りが落ち着き美味しくなります。ただ、よく使う店ではあまり時間が置けないので、にんにくの香りがとがっていることが多いものです。そこで短時間でもにんにくの香りをマイルドにするため、リコッタを加えてケッカを合わせました。あまり具が入らないシンプルなパスタですので、じゃが芋といんげんで食感に変化を出しました。

材料

リングイネ…60g

じゃが芋…15g
いんげん…1本
パルミジャーノ…適量

リコッタ…20g
フルーツトマト…1/4個
塩…適量
E.X.V.オリーブオイル…適量

●ペスト・ジェノベーゼ(仕込み量)
バジリコ…70g
にんにく(半割)…40g
松の実…100g
E.X.V.オリーブオイル…適量
塩…10g

作り方

1 バジリコ、にんにく、松の実、オリーブオイル、塩をミキサーにかけて、ペスト・ジェノベーゼを作る。
2 じゃが芋は、ボイルしておく。
3 フルーツトマトは、カットして塩とオリーブオイルで下味をつけておく。
4 塩分濃度1%の湯で、リングネをボイルする。
5 リングイネがアルデンテに茹で上がったら、湯きりしてボールに入れ、1といんげん、2のじゃが芋、パルミジャーノを加えてよく和える。
6 器に盛りつけ、リコッタを添え、3を飾る。

夏 スパゲッティ
賀茂なす入りプッタネスカ

プッタネスカはオリーブ、ケッパー、にんにく、唐辛子などで作るナポリの古典的なソース。唐辛子のピリッとした刺激が特徴で、食欲の落ちる夏にも楽しめる一品です。味わい的にもなすが合いますので、賀茂なす入りにアレンジしました。さらに、ケッパーはソースに加えるだけでなく、一部を揚げて乾燥させ、粉にしたものを皿に飾りつけ、見た目にも味わいでも、伝統的な料理とは一線を画しました。

材料

スパゲッティ…60g

賀茂なす…1/2個
トマトソース…60g
ケッパー（酢漬け）…14粒
アンチョビ（フィレ）…1枚
黒オリーブ…3粒
にんにく（半割り）…1片分
塩…適量

E.X.V.オリーブオイル…適量
イタリアンパセリ…適量

作り方

1. ケッパーのうち4粒は、素揚げして乾燥させ、ミキサーで粉末にしておく。
2. 賀茂なすは4cmの角切りにし、素揚げする。
3. フライパンににんにく、オリーブオイルを入れ、火にかける。
4. にんにくに色がついたら、2とトマトソース、アンチョビ、1の残りのケッパー、黒オリーブを加えて軽く煮詰める。
5. 塩分濃度1%の湯で、スパゲッティをボイルする。
6. パスタがアルデンテに茹で上がったら、湯きりして4に入れ、オリーブオイル、イタリアンパセリを加えて仕上げる。
7. 器に盛りつけ、1を飾る。

ほうれん草を練り込んだストラッチ
ポルチーニとボロネーゼ・ビアンコ

パスタのソースとして定番人気のボロネーゼ。ただし、夏場には重すぎると感じる人がいますので、豚肉と仔牛肉は使いながらも、サルシッチャは使わず、トマトをほとんど入れずに鶏のブロードと白ワインで煮込む夏向きのボロネーゼを考えました。合わせるパスタは、ほうれん草を練り込んだストラッチです。「ぼろ切れ」を意味するイタリア語から名づけられたパスタで、薄くのばした生地を、あえて不ぞろいにカットして、それぞれの食感の違いを楽しませます。ポルチーニも贅沢に使い、食感と香りも楽しませます。

材料

ストラッチ（下記参照）…50g

にんにく（中割り）…1片分
E.X.V.オリーブオイル…適量
ポルチーニ（スライス）…1本
エシャロット（スライス）…5g
乾燥ポルチーニ（粉末）…適量
バター…適量
パルミジャーノ…適量

ボロネーゼ・ビアンコ（下記参照）…適量

●ストラッチ生地（仕込み量）
強力粉…260g
ほうれん草の葉（下茹でしたもの）…40g
水…40g
卵…1個

●ボロネーゼ・ビアンコ（仕込み量）
仔牛すね肉…1kg
豚肩ロース…1kg
玉ねぎ（みじん切り）…1個分
人参（みじん切り）…1/6本分
セロリ（みじん切り）…2本分
にんにく（半割り）…1片分
ローズマリー…1枝
ブロード・ディ・ポッロ…適量
白ワイン…適量
E.X.V.オリーブオイル…適量
塩・胡椒…各適量

作り方

1. ストラッチ生地を作る。ほうれん草は、20gを庖丁で叩いてペースト状にする。残りは分量の水と一緒にミキサーに入れて回しておく。
2. ボールに、1全部と強力粉、卵を入れてよく混ぜ合わせ、まとめてラップをかけ、冷蔵庫で最低30分は休ませる。
3. 寝かせた2はラップを外し、手で平らにのばしてからパスタマシンにかける。1.5mm厚さにのばしたら、形をそろえず適当な形にカットし、ストラッチとする。
4. ボロネーゼ・ビアンコを作る。玉ねぎ、人参、セロリ、にんにく、オリーブオイルを鍋に入れて火にかけ、ソフリットを作る。
5. 仔牛すね肉と豚肩ロースは挽き肉にし、4に加える。
6. 挽き肉が軽く当たるくらいまで炒めたら白ワインを加え、アルコールが飛んだら、ブロードとローズマリーを加えて煮込み、塩、胡椒で味を調え、ボロネーゼ・ビアンコとする。
7. フライパンににんにくとオリーブオイルを入れ、ゆっくり火にかける。
8. にんにくに色がついたら、ポルチーニとエシャロットを加えて炒める。
9. 塩分濃度1%の湯で、ストラッチをボイルする。
10. 8に6のソースを加え、茹で上げたパスタを湯きりして合わせ、バター、パルミジャーノで仕上げる。
11. 器に盛りつけ、乾燥ポルチーニをふる。

夏 **ウニのラヴィオリ**

ウニを詰め物にした贅沢なラヴィオリです。とうもろこしのスープをソース代わりにつけて楽しませます。とうもろこしはゴールドラッシュ。砂糖などの甘み一切は加えていないにも関わらず、驚くほどの甘さです。この甘さとウニの磯の香りの甘さのマッチングを楽しませます。ウニをリコッタに代えるとデザートにもなります。つけ合わせはとうもろこしのヒゲを素揚げにしたものです。

材料

ラヴィオリ生地（下記参照）…2cm×5cmの生地6枚

ウニ…30g

トウモロコシ…100g
牛乳…20cc

黒胡椒…適量

●ラヴィオリ生地（仕込み量）
セモリナ粉…175g
強力粉…335g
卵…5個
E.X.V.オリーブオイル…15g
塩…2g

作り方

1 パスタの材料を合わせ、まとめてラップで包み、冷蔵庫で1時間ほど寝かせる。
2 1の生地を取り出し、パスタマシンで1〜1.5mm厚さにのばす。2cm×5cmの長方形にカットする。これを6枚作る。
3 2の3枚の生地にウニをのせ、別の生地をのせて押さえ、中の空気を抜く。パイカッターで四角くカットする。
4 トウモロコシは塩茹でにし、実を切り取って牛乳をミキサーにかける。茹で汁で濃度を調整し、裏漉ししてソースにする。
5 3のラヴィオリは、塩分濃度1%の湯でボイルし、火が通ったら器に盛る。
6 4のソースを流し、胡椒をふる。トウモロコシのひげをフリットし、飾る。

夏 黒トリュフのラザニェッテ

元々は、90年代のリストランテの料理です。黒トリュフと相性の良い卵黄の組み合わせをパスタで表現しました。夏は、サマートリュフが出回り注目されます。ただ、香りの面ではやはり冬のトリュフにはかないません。ところが、近年では南半球のオーストラリアでフランスから移植したトリュフの栽培が盛んになり、日本にも入ってきており、私も注目しています。日本とは季節が逆の冬のトリュフが、夏場も楽しめることから、トリュフがメインのパスタは夏のスペシャリテです。

材料

ラザニェッテ（149ページ参照）
　…5cm角の正方形3枚

卵黄…1個分
エシャロット（スライス）…5g
バター…10g

黒トリュフ…適量

作り方

1 ソースを作る。フライパンにバター、エシャロットを入れて火にかける
2 エシャロットに火が通ったら、卵黄を加えてソースとする。水分が少なければ、ブロード・ディ・ポッロ（分量外）で補う。
3 ラザニェッテ生地は、塩分濃度1％の湯でボイルする。
4 黒トリュフをスライスし、茹で上げて湯きりしたラザニェッテで挟んで器に盛る。2のソースをかけ、上からも黒トリュフをスライスしてかける。

パスタ・リゾット 175

夏 スカンピのリゾーニ レモン風味

リゾーニは、米粒状の極小パスタ。一般にはサラダとして提案することが多い素材です。日本では、お米の代わりにしてリゾット風にすると、本当にお米で作った料理だと思って食べ、つるっとした食感に驚かれます。あまり知名度の高くないパスタですが、ソースは何でも合う上に、お米で作る本格派のリゾットよりも早く仕上がる点でも有利です。クスクスの代わりにしてもいいでしょう。ここではスカンピと合わせ、夏場でも食べやすいようにレモンの香りをきかせました。

材料

リゾーニ…40g
スカンピ（むき身）…1尾分
エシャロット（みじん切り）…10g
バター…適量
ブロード・ディ・ペッシェ…適量
塩…適量
パルミジャーノ…適量
レモンの皮…適量

作り方

1. 塩分濃度1%の湯で、リゾーニをボイルする。
2. フライパンでバターとエシャロットをソテーし、ブロード・ディ・ペッシェを加える。
3. 1のリゾーニがアルデンテに茹で上がったら、2に加え、むき身にしたスカンピ、バター、パルミジャーノを加え、仕上げる。
4. 器に盛り、レモンの皮を削る。

パスタ・リゾット

秋 スパゲッティ
スルメイカのソース

イカは、イタリアでも日本でも人気の素材。特に日本のものではスルメイカが、他のイカに比べて味、食感ともに優れています。ここではゲソはパスタとは別にオーブンで火を入れ、横に添えてイカの存在感を演出します。パスタの味つけにはワタを利用し、塩で臭みを抜いたものをソースとして使うことで、イカの味わいを存分に楽しませることができます。ワタのソースに日本酒を使うのは、ワインよりもイカのうま味を引き立てることができるからです。

材料

スパゲッティ…60g

スルメイカのワタ…1杯分
スルメイカのゲソ…1杯分
エシャロット（みじん切り）…10g
日本酒…適量
バター…適量
E.X.V.オリーブオイル…適量
塩…適量

芽ねぎ…適量

作り方

1. スルメイカのワタは、塩をふって一日置いておく。
2. 1は煮切った日本酒と合わせて裏漉しし、ペーストを作る。
3. スルメイカの下足は、オーブンで焼く。
4. 塩分濃度1%の湯で、パスタをボイルする。
5. フライパンにエシャロットとバターを入れてじっくり炒めたら、2のペーストを入れ、茹で上げたパスタと合わせる。
6. 器に盛りつけ、3を添え、芽ねぎを飾る。

秋 スパゲッティ 甘トロ豚のラグー

まるで豚角煮をパスタにからめたような一品です。豚肉は白ワインなどで1時間ほど茹でて油抜きしてありますので、見た目ほど脂濃くはありません。さらにソテーして焼き色をつけ、ソフリットと白ワイン、ブロードを加えてトロトロになるまで煮込みました。豚は脂身の口溶けが心地好い、愛媛の甘とろ豚を使っています。豚肉そのものに加え、野菜から出る甘みもありますので、油通しした針生姜をアクセントとしてのせました。

材料

スパゲッティ…60g
甘トロ豚のラグー（下記参照）…100g

バター…適量
パルミジャーノ…適量
ルッコラ…適量
生姜…適量

● 甘トロ豚のラグー（仕込み量）
甘トロ豚バラ肉…1kg
白ワイン…適量
水…適量
玉ねぎ…1個
セロリ…2本
人参…1/6本
にんにく（半割り）…1片分
ローリエ…1枚
塩・胡椒…各適量
ブロード・ディ・ポッロ…適量
E.X.V.オリーブオイル…適量
塩…適量

作り方

1. 甘トロ豚のラグーを作る。甘トロ豚バラ肉は、水、白ワインを合わせた鍋に入れて火にかけ、1時間ほど煮て、脂抜きして取り出す。
2. オリーブオイルとにんにくを入れた鍋を火にかけ、香が出てきたら玉ねぎ、人参、セロリを入れて炒めソフリットを作り、ローリエを加える。
3. 1の肉をカットし、塩、胡椒で下味をつけ、薄力粉をまぶしてオリーブオイルを熱したフライパンで焼き色をつける。
4. 3を2の鍋に入れ、肉の表面が少し当たってきたら白ワインを注ぐ。
5. アルコールが飛んだら、ブロードを加え1時間煮込みラグーとする。
6. 生姜は、細切りにして乾燥させておく。
7. スパゲッティは、塩分濃度1%の湯でボイルし、アルデンテに茹で上がったら湯きりする。
8. 5のラグーをフライパンに取り、7のパスタと合わせ、バター、パルミジャーノを加えて仕上げる。
9. 器に盛りつけ、ルッコラを添え、パルミジャーノふり、6の生姜を飾る。

㊄ イカ墨のタリオーニ

ヴェネツィア発祥で知られるイカ墨のパスタは、日本では、今やカジュアルなお店でも出される、知名度の高いパスタ。それをレストランのスタイルとしてどのように表現できるかを考えた一品です。イカ墨のソースは、それだけでイカの風味が強いので、具のイカはパスタとは別に盛りつけることで、イカそのものの食感と味わいも楽しませます。また、着飾って来店されるレストランでは、特にイカ墨はソースの跳ねが気になりますので、食べやすく跳ねも少ない盛りつけにしました。

材料

イカ墨入りタリオーニ（下記参照）…40g

墨イカ…1杯
イカ墨…20g
にんにく（半割り）…1片分
ブロード・ディ・ペッシェ…適量
芽ねぎ…適量

イカ墨入りタリオーニ

■材料（仕込み量）
00粉…250g
卵…2個
イカ墨…15g
E.X.V.オリーブオイル…10g

作り方

1. イカ墨のタリオリーニを作る。材料をすべて合わせて生地をまとめたら、ラップをして冷蔵庫で15分ほど寝かせ、取り出して練る。この作業を繰り返し、最後に冷蔵庫で6時間ほど寝かせる。寝かせた生地はパスタマシンで1mm厚さにのばし、6mm幅にカットする。
2. 墨イカは、ゲソを抜いて墨袋を外し、内臓を切り取り、掃除をする。身は開いて皮をむく。
3. 2のイカゲソは食べよくカットする。身は隠し包丁を入れ、ともにグリルする。
4. 3の身は真空器にかけ、64℃の湯に入れ、60分火入れする。
5. フライパンににんにくとオリーブオイルを入れて火にかけ、にんにくに色がついたイカ墨、ブロードを加えソースを作る。
6. 1のパスタは、塩分濃度1%の湯でボイルする。
7. パスタが茹で上がったら5に加え、ソースをからめる。
8. 器に7、3、4を盛りつけ、芽ねぎを飾る。

蟹のカネロニ

　冬場は蟹に接する機会が多くなるシーズン。カネロニは、リピエノとしてリコッタがよく使われます。そこに贅沢感もある蟹を組み合わせ、プリモピアットで楽しませます。具には、冬の素材として蟹ともよく合う芹も合わせました。合わせるソースは、蟹の殻を利用した甲殻類のソースとスーゴ・ディ・カルネの2種類。飾りにしたイタリアンパセリは、青みを残す程度に油通しして、65℃のオーブンか、乾燥機で油抜きしたものです。

材料

パスタ生地（149ページ参照）…19cm×5cm 1枚

蟹身…80g
リコッタ…60g
芹…1/2束
エシャロット（みじん切り）…5g
塩・白胡椒…各適量

バター…適量
パルミジャーノ（すりおろし）…適量

トマトソース…50g
アンチョビ（フィレ）…1本
生クリーム…15cc
蟹のだし（下記参照）…20g

スーゴ・ディ・カルネ…適量
イタリアンパセリ…適量
生ハム（スライス）…1枚

作り方

1. 生ハムは、オーブンでクロッカンテにしておく。
2. イタリアンパセリは、葉をフリットにして油抜きしておく。芹は下茹でしておく。
3. 沸騰した湯に1%の塩を入れ、のばしてカットしたパスタ生地を茹でる。
4. 蟹身、リコッタ、エシャロット、2の芹を混ぜ、塩、胡椒で味を調え、リピエノを作る。
5. パスタ生地が茹で上がったら、取り出して水けを拭き取り、4をのせてカネロニ状に包む。
6. 5のカネロニはバターをぬり、パルミジャーノをふりかけ、オーブンに入れ焼き色をつける。
7. ソースを作る。トマトソースとアンチョビ、生クリームを鍋に入れて火にかけ、沸いたら裏漉しにかける。
8. 器に7のソースとスーゴ・ディ・カルネをしき、6をのせ、1、2のイタリアンパセリを飾る。

蟹のだし

■材料（仕込み量）
蟹の殻…適量
香味野菜（セロリ、人参、玉ねぎ）…各適量
水…適量

■作り方
1. 蟹の殻は、オーブンで空焼きにする。
2. 1を鍋に入れ、水と香味野菜を加えて煮込む。
3. 味が出たら、裏漉しにかけてだしとする。

全粒粉のオープンラヴィオリ

ラヴィオリは、北イタリアでよく見られる伝統的なパスタ。営業前に仕込んで置けるので、便利なパスタです。ところが近年では、サンドイッチに対するオープンサンドのような位置づけといっていいのでしょうか、この料理のように詰め物をせず、注文のつど作って提供するラヴィオリが注目されています。パスタに詰めない分、具材の状態や大きさが制限されないのが利点で、盛りつけも立体的にできて魅力の高い一品に仕上げられます。ここでは冬野菜として根菜類を組み合わせ、塩味のまろやかなプロボローネのソースで楽しませます。

材料

全粒粉のラヴィオリ（下記参照）
　…15cm×20cm 1枚
生クリーム…50cc
プロボローネ…15g

堀川ごぼう…25g
聖護院大根…25g
黄蕪…25g
桃蕪…25g

全粒粉（パウダー）…15g
全粒粉のグリッシーニ…適量
黒胡椒・塩…各適量

●全粒粉のラヴィオリ（仕込み量）
全粒粉…150g
卵…72g
E.X.V.オリーブオイル…5g
塩…2g

作り方

1. 材料をすべて合わせて練り、まとめてラップで包み、冷蔵庫で30分寝かせる。
2. 取り出して、パスタマシンで1.5mm厚さにのばす。15cm×20cmにカットする。
3. 野菜は下茹でをしておく。
4. 沸騰した湯に1％の塩を入れ、2のパスタ生地を茹でる。
5. フライパンに生クリームを入れて火にかけ、軽く沸したらプロボローネを加え、しっかりと溶かす。
6. 5に、3の野菜を入れてやさしく和える。
7. 茹で上がったパスタ生地は、取り出して水けを拭き取り、4を包むようにして皿に盛りつける。
8. グリッシーニを添え、全粒粉を炒って香りを出したパウダーと黒胡椒をふる。

パッパルデッレ
牛テールとごぼうのソース

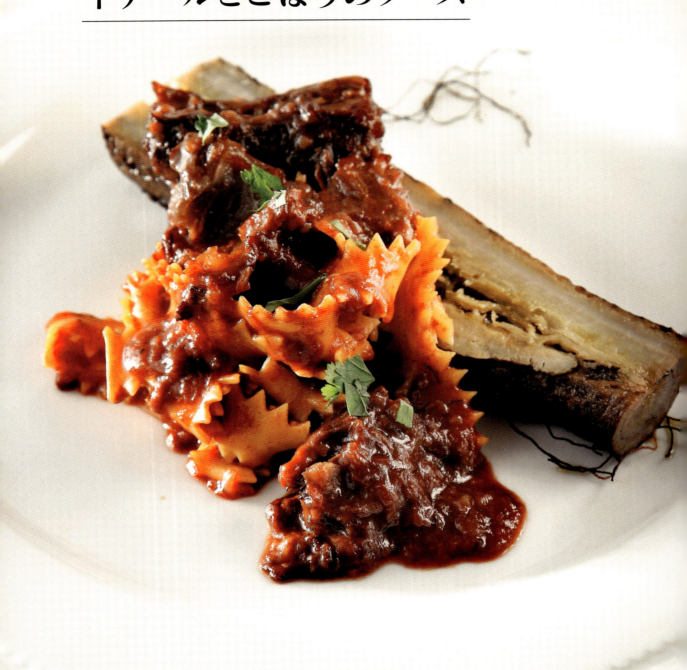

堀川ごぼうは、冬の伝統的な京野菜の一種。普通のごぼうに比べて驚くほど太いのが特徴です。見た目とは逆に繊維がやわらかく味が染みやすいことから、京料理では煮物にすることが多い素材で、パスタと合わせても触感的には違和感はありません。また、ごぼうの力強さは牛肉と相性がいいことから、牛テールのソースと合わせ、ピアット・ウニコの感覚でボリュームを出して盛りつけました。ごぼうを扱うポイントは、基本的に泥つきを仕入れること。ここでも、しっかり洗って根をつけたまま調理しました。

材料

パッパルデッレ…40g

堀川ごぼう…60g
ブロード・ディ・ポッロ…適量
牛テールのソース（下記参照）…100g

バター…5g
パルミジャーノ…15g

イタリアンパセリ（みじん切り）…適量

作り方

1 堀川ごぼうは、泥を洗い流し、ブロードでやわらかく炊いておく。
2 塩分濃度1%の湯で、パッパルデッレをボイルする。
3 牛テールのソースは人数分鍋にとって温め、2が茹で上がったら水けをきって加える。バター、パルミジャーノを加えて和ええる。
4 1をのせた器に盛りつけ、イタリアンパセリをちらす。

牛テールのソース

■材料（仕込み量）
牛テール…1本
赤ワイン…500g
トマトペースト50g
玉ねぎ（みじん切り）…2個分
人参（みじん切り）…1/4本分
セロリ（みじん切り）…3本分
にんにく（みじん切り）…1片分
丁子…2本
薄力粉…適量
塩・胡椒…各適量
E.X.V.オリーブオイル…適量

■作り方
1 牛テールは、分量外の赤ワインに一日漬け込んでおく。
2 翌日、1をザルにあけ、肉と赤ワインとを分ける。赤ワインは取っておく。肉に塩、胡椒で下味をし、薄力粉をまぶしてフライパンで表面に焼き色をつける。
3 鍋にオイルを熱し、にんにく、玉ねぎ、人参、セロリをソテーし、ソフリットを作る。
4 3に2の肉と赤ワインを入れ、160℃で一時間半煮込み、ソースを仕上げる。

冬 赤米のリゾットタルディーボ

ラディッキオ・タルティーボは、冬の野菜で特有のほろ苦さと甘みがあり、ヴェネト州トレヴィーゾの特産品。今では国産品もあります。このため、トレヴィーゾではタルティーボを使った赤ワインのリゾットも有名です。その料理を、赤ワインを使わず、赤米で表現した一品です。赤米は通常の米よりも火が入りにくく、食感も異なりますので、いったんブロードで下茹でしてから、白米といっしょにリゾットに炊き上げます。

材料

赤米…70g
米…30g
エシャロット（みじん切り）…15g
タルディーボ（せん切り）…1/4株分
バター…適量
ブロード・ディ・ポッロ…適量
パルミジャーノ…適量

作り方

1 赤米は、ブロードで30分茹で、粗熱を取っておく。
2 エシャロットをバターで炒めたら、1と白米、タルディーボを加え、しっかりと炒め、ブロードを加えて炊き上げる。
3 最後にバター、パルミジャーノを加え、しっかりと混ぜたら、器に盛りつける。

Dolce

ドルチェ

ドルチェ：食事の最後を締めくくる一品。
季節感・盛りつけで、感動を演出する

流行りのものを追うには、限界がある

　料理の最後を締めくくるドルチェ。フランス料理のデザートの繊細さとはまた違った魅力が、イタリア料理のドルチェにはあります。

　かつてはティラミス、パンナコッタが話題を呼びましたが、今ではそれらを売り物にしてもお客様にはあまり喜ばれないようです。パスタなどと同様に一時期にあまりに話題を集めたことから、イタリア料理店以外のいろいろな場所でも出され、一般に広がったためです。

　特に日本では、甘いものに対してお客様は流行りのものを追い求めることが多い傾向があり、逆にブームが終わったものには見向きもしません。しかも、流行りすたりのサイクルは年を追って早くなっています。このため、流行りのものばかりを追い求めて情報を集めるのも、限界があります。店にとっては大変な負担になりますし、たとえこの先、流行りのドルチェが登場しても、店で取り扱うにあたっては注意が必要ではないかと思います。

伝統的なドルチェをベースに、さらに魅力を高める

　イタリア料理は地方料理が集まったものといわれるように、料理だけでなくドルチェにもそれが当ては

まります。イタリア各地には、地元に古くから伝わっているさまざまなドルチェがあり、興味は尽きません。これらは流行りすたりとは別次元の、安定した魅力があります。

これらイタリアの伝統的なものは、料理に限らずドルチェでも美味しいものです。しかし、元々は家庭の料理にルーツがあるものが多く、その多くは見た目にあまりに素朴で、華やかさに欠けることがあります。焼き放しのタルトやバットで作って取り分けるドルチェが、その一例といえます。

その点で、日本のお客様は見た目も重視することが多いことから、店で提供するには工夫が必要です。

特にレストランでは、着飾って贅沢な雰囲気の中で楽しんだ食事の、最後を締めくくるのがドルチェですので、料理に負けない、より印象深いものが求められます。そこで私は、伝統的なドルチェをベースにする場合では、材料は同じでも組み立て方を変えたり、材料の組み合わせを少し変えたり、季節感をプラスするなど、表現方法を変えることで、テーブルに出した時に驚かせ、感動してもらえる一品に仕上げています。

その時期のフルーツを活用し、季節感を表現

特にイタリア伝統のドルチェをベースに、季節感を演出するのは、旬の味わいを大事にする日本では最も重要なことだと私は思っています。

実はイタリアの素朴な郷土菓子には、飾りつけるフルーツを別にすると、季節感はあまりありません。ズッパイングレーゼ、ボネ、ズコット、リコッタのケーキ、カンノーリ…と、思いつく郷土菓子には季節を感じさせないものが多いものです。

そこで、伝統的なドルチェはベースにしながらも、その時期のフルーツを主役に使うことで季節感を表現しています。

さらに、梨や桃、リンゴ、ブドウなど、その季節で丸々1個の形を使えるものは、形を活かして1人1個のドルチェに仕立てます。丸々1個なら、加熱しても食感が保てますし、汁が出てしまわず、美味しさが保てます。見た目にもインパクトがあり、印象に残ります。

こうしたフルーツを使う場合は、たとえば204～207ページでご紹介しますように、その季節で調理法を変え、時期の味覚に合うようにすることで、お客様に感動を与えるようにしています。

春 リコッタチーズのミルフィーユ

リコッタには自然な淡い甘さがあり、そのまま蜂蜜をかけてたべたり、フルーツとともに食べたりと、チーズの中では比較的シンプルに用いて楽しむことの多い素材。それにひと手間かけて、パイ生地で挟み、アーモンドプラリネの粉でコーティングしました。ソースは柑橘類を合わせ、彩りを考えて日向夏の白、ブラッドオレンジの赤の2酒類を使いました。

材料

パイ生地10cm×3cm…2枚

リコッタ…80g
プラリネペースト…20g
グラニュー糖…30g

アーモンド…50g
グラニュー糖…16g
水…5g
バター…1g

ブラッドオレンジ…100g
日向夏…100g
グラニュー糖…60g×2
薄力粉…12g×2
牛乳…100g×2
ピスタチオ（ホール）…3個

粉糖…適量

作り方

1 リコッタとプラリネペーストとグラニュー糖を合わせる。
2 鍋に水とグラニュー糖を入れて火にかけ、溶けて115℃になったら、火からおろしてアーモンドを入れて混ぜ合わせる。アーモンドが白くなってきたら、火にかけ、かき混ぜながらキャラメリゼさせ、仕上げにバターを加える。これをロボクープで回し、粉状にする。
3 ブラッドオレンジのソースを作る。グラニュー糖60gと薄力粉12g、ブラッドオレンジと牛乳100gを、それぞれ混ぜたものを鍋に入れて合わせ、湯煎にかける。濃度がついたらソースにする。
4 日向夏のソースも同様に作る。グラニュー糖60gと薄力粉12g、日向夏と牛乳100gを、それぞれ混ぜたものを鍋に入れて合わせ、湯煎にかける。濃度がついたらソースにする。
5 焼いたパイ生地に1を挟み、2でコーティングして器に盛る。3と4のソースを流し、砕いたピスタチオをちらし、粉糖をふって仕上げる。

夏 トウモロコシのジェラート

焼きトウモロコシをイメージして作ったドルチェです。173ページでもご紹介したように、今の日本のトウモロコシは甘みが強く、ほとんど砂糖を加えなくても甘みが足りないということはありません。それだけ、自然な甘みが豊富な素材といえます。ジェラートには、トウモロコシのヒゲで作ったパウダーをまぶしました。これはヒゲを油で一度揚げてから油抜きし、乾燥させて粉にしたものです。素材を捨てることなく、工夫して使い切るのも、今の料理には大事な視点だと思います。

材料（仕込み量）

A
トウモロコシ…750g
牛乳…300g
生クリーム（47%）…80g
グラニュー糖…20g
トレハロース…10g
卵黄…2個
バニラビーンズ…1本

ポップコーン…適量
ホワイトチョコレート…適量
ビターチョコレート…適量

トウモロコシのひげ…1本分

作り方

1. Aの材料でトウモロコシのジェラートを作る。牛乳、生クリーム、バニラビーンズとトウモロコシを鍋に入れて火にかけ、沸騰したら火を止める。
2. 卵黄、グラニュー糖とトレハロースをボールに入れ、白っぽくなるまですり混ぜたら1を少しずつ加えながら混ぜる。
3. 砂糖が溶けて混ざったら、ひと晩寝かせる。
4. 一部をソースとして残し、それ以外をジェラートマシンにかけてジェラートを作る。
5. ポップコーンは、フライパンで炒って破裂したら、湯せんで溶かしたホワイトチョコレートとビターチョコレートそれぞれに浸してコーティングする。
6. トウモロコシのひげを素揚げしたら、熱湯をかけて油抜きし、乾燥機で乾燥させて、ミキサーで粉末にする。
7. 4のジェラートをすくい取って6のトウモロコシの粉をまぶし、器に盛る。4で残した分をソースとして流す。5のポップコーンをトウモロコシの皮に入れて添える。

夏 マンゴーのロールケーキ

沖縄のキーツマンゴーを使ったドルチェです。キーツマンゴーは、完熟でも表皮は緑色で、実はねっとりとして風味が濃厚なのが特徴。その特徴を存分に楽しんでもらうため、ロールケーキとマンゴーを一緒に食べるようなスタイルに仕上げました。レストランのドルチェですので、ケーキ店のお菓子にはない印象に仕上げるため、食感を重視します。キメの細かなスポンジをマンゴーと組み合わせることで、マンゴーの食感と甘みも引き立てます。店では8月から秋口のマンゴーが出回る時期に出しており、その時期は1日で売り切れるほど好評をいただいています。

材料

スポンジ生地（下記参照）…天板1/4枚
カスタードクリーム（下記参照）…50g
マンゴー…1/4個

生クリーム…100g
グラニュー糖…10g

ミント…適量
粉糖…適量

作り方

1. スポンジは、適当な大きさにカットする。
2. 生クリームはグラニュー糖を入れて泡立てておく。
3. 1のスポンジは、焼成面を下にして置き、2のクリーム半量を流して均等にのばす。
4. カスタードクリームを絞り袋に入れ、3の上に絞って、端から巻き込み、ロールケーキを作る。
5. マンゴーは皮をむいてスライスする。
6. 4をカットして器に盛り、5を飾り、3で残しておいて生クリームをかける。ミントを飾り、粉糖をふる。

スポンジ

■材料（仕込み量）
卵黄…5個分
卵白…5個分
全卵…1個
グラニュー糖…100g
トレハロース…10g
バター…45g
牛乳…85g

A
強力粉…30g
薄力粉…30g
コーンスターチ…15g

■作り方

1. Aのコーンスターチは、10gを強力粉、薄力粉とあわせてふるっておく。残り5gのコーンスターチは取っておく。牛乳は鍋で温めておく。
2. バターを温め、その中に1のふるいにかけた粉を加え、ダマができないようしっかりと混ぜ合わせる。
3. 卵黄と全卵を溶きほぐし、2に少しずつ加えながら混ぜ合わせていく。
4. 3の材料が馴染んだら、1の牛乳を少しずつ加えながら混ぜ合わせる。
5. 卵白に、グラニュー糖、トレハロース、1で取っておいたコーンスターチを加え、メレンゲを立てる。
6. 4と5を合わせ、オーブンシートをしいた天板に流し、200℃のオーブンで約20分焼く。
7. 焼けたら、熱いうちにスポンジを天板から取り出し、オーブンシートをはがし、天板に戻して、乾かないようはがしたオーブンシートをかけておく。

カスタード

■材料（仕込み量）
卵黄…5個分
グラニュー糖…100g
トレハロース…10g
強力粉…50g
牛乳…500g
バニラビーンズ…1本

■作り方

1. 牛乳は鍋に入れ、沸騰直前まで温めておく。
2. 卵黄に、グラニュー糖とトレハロースを加え、白っぽくなるまで泡立て器ですり混ぜる。
3. 2に強力粉を加え、1の牛乳とバニラビーンズを一気に加えて混ぜる。
4. 3を鍋に戻し、再び沸騰するまで炊き上げたら、目の細かな布で漉して保存する。

夏 パスティエーラクリームの ミルフィーユ仕立て

ナポリで生まれた、復活祭のお菓子です。米や麦など穀物を煮て、リコッタと合わせ、オレンジの香りをきかせます。シンプルにタルト型にすることが多く、デコレーションもしない素朴なスタイルに仕上げるのが、地元での楽しまれ方。それをレストランで出すスタイルに表現を変えました。パッシートを加えて個性を出したソースを流します。材料を用意しておけば、オーダー後に混ぜ合わせて作れますので、ドルチェの品数が足りないようなときにも便利です。

材料（仕込み量）

A
カスタード（201ページ参照）…100g
リコッタ…300g
グラーノ（茹でたもの）…300g
オレンジの皮のシロップ煮（5㎜角切り）…1個分

パイ生地…1/2枚

●アングレーズソース
卵黄…2個
グラニュー糖…30g
牛乳…180cc
パッシート…20cc

バニラジェラート…適量
オレンジの皮のシロップ煮（飾り用）…適量
ミント…適量
粉糖…適量

作り方

1 アングレーズソースを作る。牛乳は、鍋で沸騰させておく。卵黄はグラニュー糖を加えて白っぽくなるまですり混ぜたら、牛乳を少しずつ加えて混ぜる。牛乳が全部入ったら、パッシートを加える。
2 Aの材料を、ボウル入れてよく混ぜる。
3 焼いたパイ生地と2を、さっくりと混ぜ合わせて器に盛りつける。1のソースを流し、バニラジェラートを添える。ミント、粉糖、オレンジの皮のシロップ煮を飾る。

このお菓子では、小麦の代わりに大麦を使ってもよい。カゴメから、大麦を茹でた冷凍品も販売されているので、こうした製品を使うと、さらに時間短縮になる。

夏 桃のコンポート

桃は、梅雨明けから暑い盛りが旬。甘い香りが、蒸し暑さを忘れさせます。そこでこの時期は、コンポートにして、丸ごと楽しませます。かなりのボリュームでも、女性にはドルチェは別腹で喜んでいただいています。煮汁は白ワインに丁子を加えてたものです。季節でラフランスを使う場合はシナモンを入れたり、秋から洋梨を使う場合は、ワインをブランデーに代え、仕上げに焦げ目をつけたりするなど、季節季節の味わいを演出するといいでしょう。ここでは、コンポートの汁はジェラートとして無駄なく使い、桃に盛りつけます。桃の下には、香りの相性がいいアールグレーでジュレを作り、ソース代わりに添えました。

材料（4人分）

桃…4個
白ワイン…900cc
砂糖…250g
トレハロース…50g
丁子…2本
レモン（スライス）…1/2個

A
紅茶ジュレ
紅茶の茶葉（アールグレー）…100cc
イナアガー…4g
砂糖…10g

ミント…適量

作り方

1 手鍋に白ワイン、砂糖、トレハロース、丁子を入れて一煮立ちさせる。
2 桃は湯むきし、レモンとともに1の鍋に入れ、30分間ことこと煮たら、煮汁のまま冷蔵庫で冷ましておく。
3 別の手鍋にAを入れ、沸いたら容器に移し、冷蔵庫で冷まして紅茶のジュレを作っておく。
4 2でできた煮汁200ccをジェラートマシーンで回してジェラートを作っておく。
5 器に3をしき、2のコンポートを盛り、4をのせる。ミントを飾る。

秋 洋梨のコンポスタ

季節によって、求める味覚は異なるもの。そこで同じ料理でも、季節の変化でどのように変えるか、という例として、店でお出ししているドルチェをご紹介しましょう。前出の「桃のコンポート」とベースは同じでも、香草として加えた、シナモン、バニラが前回と違います。また、夏のコンポートは、つるっとした感じ。それに対して秋のコンポートは、焼き菓子のイメージ。洋梨は下部だけコンポート液に浸して焼くことで、上部は焼けて、その香りが全体につく。

材料 (4人分)

洋梨…4個

コンポート液
白ワイン…300g
グラニュー糖…100g
シナモン…1本
トレハロース…適量

バニラジェラート…適量
トレハロース…適量

作り方

1 白ワイン、グラニュー糖、トレハロースを鍋で加熱して溶かし、コンポート液を作る。
2 洋梨は、シナモンを刺して1のコンポート液に入れ、200℃のオーブンで15分煮る。火が入ったら、冷まして煮汁ごと冷蔵庫で保存する。
3 バトレハロースは液体状に溶かし、再度固めてクロッカンテにしたものを作る。
4 器に2を盛りつけ、バニラジェラートと3を飾る。

小豆のパートフィロ包み

豆類を甘く煮たあんは、世界ではあまり見られないもので、海外のかたには違和感を感じる人もいるそうです。しかしそれは日本人好み。そして甘く炊いた小豆あんは、バターや他の乳製品と驚くほど相性が良いものです。そこで砂糖で煮た小豆にブランデーを足して洋の風味を加え、さらに乳製品としてマスカルポーネを組み合わせてパートフィロで包むことで、イタリアのテイストに仕上げました。下にはアングレーズソースをしきました。

材料（仕込み量）

小豆あん（下記参照）…適量

マスカルポーネ…10g

パートフィロ…適量

アングレーズ…適量
バニラジェラート…適量

ミント…適量
粉糖…適量

●小豆あん（仕込み量）
小豆…100g
上白糖…20g
ブランデー…10g

作り方

1 小豆は、ひたひたの水に半日浸しておく。
2 1はザルにあげ、鍋に入れて水を加え、上白糖を入れて炊く。水分が無くなってきたら、最後にブランデーを加えて混ぜ、火からおろして冷ます。
3 マスカルポーネは棒状に成型し、2で包み、さらにパートフィロで包む。
4 3は160℃のオーブンで6分30秒焼く。
5 器に温めたアングレーズソースをしき、4とバニラジェラートを盛りつける。ミントを飾り、粉糖をふる。

about us

■ PROFILE

ピアットスズキ オーナーシェフ
鈴木弥平 (すずき やへい)

１９６７年茨城・水戸生まれ。１６歳の時、地元のビストロで料理の世界に入る。勤めながら調理師学校に通い、１９歳で「ラ・パタータ」でイタリア料理の道へ。故・平田勝シェフに師事し、平田氏独立に際して「クッチーナ ヒラタ」へ。１９９２年ICIFの第一期生として１年間イタリアへ留学し、トリノを中心に各地のリストランテで研鑽を積む。帰国後の１９９３年「ヴィーノ ヒラタ」のシェフに就任。２００２年に独立して「ピアットスズキ」を開業し、現在に至る。

■ SHOP

Piatto Suzuki

2008年オープン。ビル上階で評判の、隠れ家的なリストランテ。オーナーシェフの鈴木弥平氏は、厳選した素材を用い、日本ならではの優れた素材や技法も採り入れたイタリア料理で、お客の舌と心を捉え続けている。ミシュラン日本版発刊以来一つ星を獲得し続ける。

【お店情報】ピアットスズキ
住　　所／東京都港区麻布十番1-7-7　はせべやビル4階
電　　話／03-5414-2116
営業時間／ランチ12：00～14：00（L.O.13:30）前日までに要予約
　　　　　ディナー18:00～翌2：00（L.O.24:00）
定 休 日／日曜日・祝祭日の月曜日

■ STAFF

（前列左から）山下翔吾、鈴木弥平シェフ、木下晃輔
（後列左から）小寺真人、田邉政史（後列右から）渡邉俊樹、吉清孝則

現代解釈のイタリア料理
食材の特性を活かす、イタリア料理の新展開

発 行 日	平成28年12月23日　初版発行
著　　者	鈴木　弥平（すずき・やへい）
発 行 者	早嶋　茂
制 作 者	永瀬　正人
発 行 所	株式会社旭屋出版

〒107-0052
東京都港区赤坂1-7-19　キャピタル赤坂ビル8階
郵便振替　00150-1-19572

販売部　TEL 03(3560)9065　FAX 03(3560)9071
編集部　TEL 03(3560)9066　FAX 03(3560)9073

旭屋出版ホームページ　http://www.asahiya-jp.com

印刷・製本　（株）シナノ・パブリッシングプレス

※許可なく転載、複写ならびにweb上での使用を禁じます。
※落丁、乱丁本はお取替えします。
※定価はカバーにあります。

©Yahei Suzuki/Asahiya Shuppan,2016
ISBN978-4-7511-1254-0 C2077
Printed in Japan